Pier Paolo Pasolini
Literatur und Leidenschaft

SERIE PIPER
Band 1460

Zu diesem Buch

Ein Bindeglied zwischen den politischen Essays und den literarischen Werken Pasolinis sind seine literaturkritischen Aufsätze. Auf erhellende Weise tragen sie zum Verständnis der Verknüpfung von Kunst, Literatur, Politik und Leben des Autors bei. Und sie beweisen, daß für Pasolini literarische Kritik keineswegs nur eine beiläufige Beschäftigung, sondern Gegenstand intensiver Auseinandersetzung war: Ob über Elsa Morante, Italo Calvino, Giorgio Bassani oder sich selbst – Pasolini entwirft mit äußerster Strenge und leidenschaftlicher Parteinahme ein faszinierendes Bild der italienischen Nachkriegsliteratur.

»Pasolinis Rezensionen zeigen einen Leser, für den Literatur und Leidenschaft nicht voneinander zu trennen sind.«

Süddeutsche Zeitung

Pier Paolo Pasolini, geboren 1922 in Bologna; studierte dort Philologie und Kunstgeschichte; siedelte 1949 nach Rom über, wo er zunächst als Lehrer arbeitete. Nach der Veröffentlichung von »Ragazzi di vita«, »Una vita violenta« und mehreren Gedichtbänden wandte er sich Ende der fünfziger Jahre vor allem dem Film zu; schrieb zahlreiche Essays über Film, Sprache, Literatur und politische Fragen. Pasolini wurde 1975 in Ostia ermordet.

Pier Paolo Pasolini

Literatur und Leidenschaft
Über Bücher und Autoren

Aus dem Italienischen von Annette Kopetzki

Mit einer Nachbemerkung von Thomas Schmid

Piper
München Zürich

Von Pier Paolo Pasolini liegen in der Serie Piper vor:
Teorema (200)
Vita Violenta (240)
Mamma Roma (302)
Gramsci's Asche (313)
Accattone (344)
Die Nachtigall der katholischen Kirche (560)
Chaos (783)
Alì mit den blauen Augen (917)
La notte brava (988)
Calderón (1334)
Der Atem Indiens (1335)
Amado mio (1459)

ISBN 3-492-11460-1
Juli 1994
R. Piper GmbH & Co. KG, München
Lizenzausgabe mit Genehmigung des
Klaus Wagenbach Verlags, Berlin
Originalausgabe © Garzanti Editore, Mailand 1988
Deutsche Ausgabe © Verlag Klaus Wagenbach, Berlin 1989
Umschlag: Federico Luci,
unter Verwendung eines Fotos von Dino Pedriali
Satz: Druckerei Wagner, Nördlingen
Druck und Bindung: Clausen & Bosse, Leck
Printed in Germany

INHALT

»Einer, der von der Kritik herkommt«:
Pasolini über Pasolini
9

Zum Glück verdammt
Die Poesie Sandro Pennas
13

Lektüre im Krankenbett
17

Stimmen in der Stadt Gottes
Die Gedichte Danilo Dolcis
21

Das Leben in seiner unseligen Wirklichkeit
Carlo Emilio Gaddas
»Novelle dal Ducato in fiamme«
25

Die neue Fröhlichkeit Ungarettis
Über »Un grido e paesaggi«
31

Entschiedener Antikonformismus
Erzählungen Giorgio Bassanis
39

Fröhliche Jugend?
Barolini, Soavi und andere
47

Italienische Literatur 1945-1955
57

Die poetische Öffnung des Neorealismus
»Arturos Insel« von Elsa Morante
63

Eine Welt der Unordnung und der Dummheit
»Die gräßliche Bescherung in der Via Merulana«
von Carlo Emilio Gadda
69

Die stilistische Reaktion
75

Lebendige Leichen
Alberto Moravias »La noia«
83

Fabrik und Wahn
Paolo Volponis »Ich, der Unterzeichnete«
91

Ein Passus bei Gadda
97

Freud kennt die Schliche der großen Erzähler
105

Miszellen
Über Pascoli, Shakespeare und Homer
109

Pasolini rezensiert Pasolini
Über »Trasumanar e organizzar«
115

Ein ewig kindlicher Versuch zu leben
Die Gedichte Ossip Mandelstams
121

Anpassung und Anarchie
Das Tagebuch von Witold Gombrowicz
127

Die Wirklichkeit und die Welt der Ideen
»Die unsichtbaren Städte« von Italo Calvino
133

Gemeinplätze
Über Céline und García Márquez
139

Der Autor als Vermittler
Hans Magnus Enzensbergers »Der kurze Sommer der Anarchie«
143

Der Sinn des Klangs
Zum 600. Todestag Petrarcas
149

THOMAS SCHMID
Nachbemerkung
153

Quellen, Bildnachweis
159

»EINER, DER VON DER KRITIK HERKOMMT«:

PASOLINI ÜBER PASOLINI

Es stimmt, daß mein erstes Buch, das 1942 herauskam, ein Band mit Gedichten gewesen ist.[1] Und es stimmt auch, daß ich im Alter von sieben Jahren, in der zweiten Volksschulklasse, begonnen habe, Gedichte zu schreiben (das glänzende, linierte Schreibheft, mit meiner Hand, die die ersten Verse schreibt – »auserwählte« Worte für einen Stil *sublimis*: Wildgemüse, Nachtigall – habe ich noch vor Augen), aber, wer weiß warum, wenn ich mich vage an die Anfänge meiner literarischen Laufbahn erinnere, denke ich an mich als an einen, der »von der Kritik herkommt«. Vielleicht liegt das daran, daß mein größter Enthusiasmus – der übrigens poetisch war – zu Beginn der vierziger Jahre eben dem Studium der romanischen Philologie und der Kunstgeschichte galt (die unvergeßlichen Vorlesungen Roberto Longhis über Masaccio[2]). Schon allein die Tatsache, daß die ersten veröffentlichten (und bis heute nicht verleugneten) Verse des Achtzehnjährigen im friaulischen Dialekt geschrieben waren, beweist, daß meine poetischen Bemühungen von Anfang an im Zeichen einer entschieden kritischen und intellektuellen Absicht standen.

Aus diesem Grund betrachte ich die Kritiker weiterhin als Kollegen. Einige als Senior-, andere als Juniorkollegen. Von der begeisternden Postkarte aus Lugano, mit der Gianfranco Contini eine prompte Rezension meiner ersten friaulischen Verse von '42 ankündigte (dies war die erste und die schönste meiner Freuden als Schriftsteller) bis zu den letzten Rezensionen von *La Religione del mio tempo*[3] aus diesem Jahr – Bo, Vigorelli, Citati ... – habe ich mich stets von Kollegen beurteilt gefühlt: und immer mit der gebotenen Fairneß und Achtung. Gleichzeitig habe auch ich immer auf dem »Feld« der Kritik gearbeitet. Ich müßte also Prozeßpartei sein: Auch ich bin Untersuchungsobjekt. Nun, als Schriftsteller bin ich der italienischen Kritik uneingeschränkt dankbar: Immer wurde ich wirklich gelesen, oft mit leidenschaftlicher Anteilnahme, mit

Dieser Text *Pier Paolo Pasolinis* wurde geschrieben als Antwort auf eine von der Zeitschrift ›L'Illustrazione Italiana‹ angestellte Umfrage und erschien in der Nr. LXXXIX (1. Januar 1962) der Zeitschrift unter dem Titel *I critici alla sbarra (Die Kritiker auf der Anklagebank)* gemeinsam mit anderen Beiträgen von Giuseppe Ungaretti, Dino Buzzati, Monica Vitti, Michelangelo Antonioni, Silvia Mangano, Eduardo De Filippo, Giorgio Strehler, Vittorio Gassman, Luciano Minguzzi, Bruno Cassinari.

analytischer Kraft. Das ist eine der wenigen guten Seiten meiner Lebens-Literatur, meines Literatur-Lebens. Es gibt Ausnahmen, aber dabei handelt es sich, da muß ich in aller Unbescheidenheit die Wahrheit sagen, immer um vielleicht offiziell ausreichend beglaubigte Kritiker, denen jedoch in den höchsten Rängen der literarischen Welt keine wirkliche Bedeutung zukommt; oder auch um junge, sich selbst noch unsichere Kritiker; oder schließlich um Journalisten, die keine Kritiker sind: die bezahlten journalistischen Popularisierer sind es gewesen, die große Verwirrung um die kritische Bewertung meiner Arbeit angestiftet haben, indem sie Gegensätze in der Kritik aufbauten, die es in Wirklichkeit gar nicht gibt. Die Gegensätze sind, und zwar in voller Absicht, rein politischer Natur.

Dies ist mein Standpunkt als Schriftsteller, das heißt als gemeiner Körper. Und ich bitte um Entschuldigung, wenn dieser erbärmliche Körper im vorliegenden kleinen Bericht etwas zu körperlich, das heißt privat, gewesen ist.

Als Kollege, beziehungsweise als Kritiker, habe ich zum Teil ein sympathetisches, zum Teil auch ein polemisches Verhältnis zur zeitgenössischen Kritik; und wenn polemisch, dann bis zum entschiedenen und unwiderruflichen Bruch. Denn dem fast zu leidenschaftlichen Kritiker in mir kommt, wie ein Süditaliener sagen würde, stets der Ideologe in die Quere. Und mein ganzer ideologischer Kampf hat sich, im Zeichen Gramscis, gegen den Hermetismus und das Novecento gerichtet. Darum habe ich meine Zeitgenossen beschuldigt, eine geschmäcklerische, ja, die Kritik einer ästhetischen Gemeinde für die *élites* zu betreiben: als wären die Gegenstände der Kritik monströse Beispiele funkensprühender Humanität mit einem Privileg auf sprachliche Innovationen, die sich sprachlosen Angst- oder Glückszuständen verdanken. Ich habe meine Zeitgenossen des Moralismus (die Liberalen) und des Ästhetizismus (die Katholiken) bezichtigt, wobei beide, Moralismus und Ästhetizismus, von einer unwandelbaren (Italien, man stelle sich vor!), definitiven, konzentrischen Welt ausgehen, in der nur eine einzige Kultur wirkliche Bedeutung hat: die der herrschenden Klasse, der die Literaten kläglich angehören, ob sie nun Anarchisten oder Sklaven, verängstigt oder Chauvinisten, Konformisten oder Bohemiens, aufgeschlossen (die antifaschistischen Liberalen) oder engstirnig (die ästhetisierenden Katholiken, auch sie Antifaschisten) sind.

Jetzt entsteht gerade ein neuer Typ von Kritik: der vom Neokapitalismus für die konsumierenden Massen vorgesehene. Es wird amüsant sein zu beobachten, wie die Kritik immer verständlicher und immer zugänglicher wird und den Massen nur noch das zumutet, was die Massen bereit sind, sich zumuten zu lassen. Im Betrieb dieser aprioristischen und prästabilierten Kultur werden die Kritiker zu Erfindern von Slogans verkommen. Im Moment leben wir noch von den Resten der bäuerlichen und der Handelskultur: Und das erklärt das Maß an

klassisch-Idyllischem, das es in aller Literaturkritik, nicht nur der italienischen, immer gibt, aber auch, was sie an Ländlich-Rohem, Provinziellem in ihren unteren Schichten bewahrt.

1 ▷   PIER PAOLO PASOLINI, *Poesie a Casarsa*, M. Landi, Bologna 1942; später, mit Varianten, in *La meglio gioventù*, Sansoni, Florenz 1954; in *La nuova gioventù*, Einaudi, Turin 1975.

2 ▷   Vgl. ROBERTO LONGHI, »Fatti di Masolino e di Masaccio«, in *Critica d'arte*, Florenz, XVIII-XIX, Juli-Dezember 1940, (später in *Opere complete*, Bd. VIII, Sansoni, Florenz 1975, mit dem Titel *Fatti di Masolino e di Masaccio e altri studi sul Quattrocento*.

3 ▷   PIER PAOLO PASOLINI, *La religione del mio tempo*, Garzanti, Mailand 1961; später in *Le poesie*, Garzanti, Mailand 1975.

ZUM GLÜCK VERDAMMT

DIE POESIE SANDRO PENNAS

Viel Richtiges und Kluges ist über die Dichtung von Sandro Penna[1] gesagt worden (etwa von Solmi, von Anceschi; auch haben sich, zumindest mündlich, die meisten italienischen Literaten geäußert)! Aber niemand hat bisher den wirklich wesentlichen Punkt berührt ... Ähnlich ist es bei den vielen Malerfreunden Pennas (etwa Mucchi, in der hübschen alten Ausgabe bei Parenti, und jetzt Tamburi, in der Edition Meridiana), die ihn porträtiert haben, ohne daß es – ein seltsamer Zufall – einem von ihnen gelungen wäre, sein Wesen im Bild wirklich zu erfassen. Die Dichtung Pennas ist, qua Definition, so rein, daß sie sich jeder definierenden Annäherung durch die Kritik verweigern muß. Und das scheint uns ein Zeichen zu sein. Es könnte ausreichen, um vielleicht noch nicht dem Kritiker, dafür aber wenigstens dem Leser die äußere Beschaffenheit dieser ungreifbaren Dichtung zu erklären: wenn man zeigen kann, daß in ihr das Geheimnis und das Absolute – die Reinheit – der Gegenstände, an denen sie sich inspiriert, fortbestehen.

Viele haben vom »Glück« Pennas gesprochen, dem psychologischen Äquivalent seiner poetischen Anmut. Wir wollen indessen die Bedeutung des Wortes »Glück« etwas verlagern, und zwar in Richtung auf seinen vageren, aber tiefer ins Innere zielenden Sinn der »Dankbarkeit«. Fast immer ist es ein Impuls der Dankbarkeit, aus dem heraus Penna seine sinnlichen Verse schreibt. Dennoch fehlt ihnen die Schwere der Sinnlichkeit, denn hier erliegt die Sinnlichkeit eben jenem so überaus sanften Pathos, in dem sich Pennas Dankbarkeit ausdrückt. Dankbarkeit für ein immer wieder überraschendes Leben voller Wunder, dem schmerzhafte Erinnerung stets ganz und gar vorgezeichnet war. Penna erhält seine Verse aus plötzlicher Überfülle, aus den Augenblicken, in denen die angefüllte Zeit sich läutert, in das Absolute überfließt – Momenten des Reichtums, in denen das unverstandene Geheimnis prophezeit wird –, und er erhält sie aus der Traurigkeit, die das Leben auf eine unaufhaltsame Bewegung reduziert, in der Lächeln und Tränen einander abwechseln – aus den plötzlichen Stockungen, den *intermittences du cœur*, in denen eine Geste, die, weil sie so wunderbar eingefügt ist in den anonymen Körper des Tages, fast übersehen worden wäre und sich nun in einer liebens-

würdigen Aureole von Bewußtheit isoliert heraushebt... Man hat in diesem
Zusammenhang auch von List gesprochen und sie mit dem Begriff der Unschuld, der ihr entspricht und zugleich ihr Gegenteil ist, in Beziehung gebracht. Das ist aber nicht die ganze Wahrheit, denn auch technisch erschöpft
sein Vers sich nicht in Prosa oder Melodie, den beiden Abgründen, an deren
Rand er sich, wie auf Messers Schneide, fortwährend bewegt, ohne je zu fallen.
Eben dies ist der Ort, an dem jenes Spiel zwischen Einfalt und Erlesenheit
stattfindet. Nun kann dieses Bändchen der *Appunti* uns vortrefflich helfen, den
schöpferischen Moment bei Penna zu erfassen, den Moment, der dem unan-
fechtbaren Ergebnis um einen Augenblick vorausgeht, und dessen frische Un-
bekümmertheit und Gewandtheit nicht immer ganz zum Ausdruck kommen.
Greifen wir einen heraus: »Darauf, mit dem Gesicht zum Kopfkissen gewandt/
lächelte er sich selbst zu, in seliger/Röte«. Hier haben wir zunächst die von
Penna so geliebte Zeitangabe »Darauf...«, durch die die Zeit in den Augenblick abstürzt, ohne daß er doch in unechte Dimensionen abgelenkt würde. Der
Augenblick wird, im Gegenteil, seiner allerphysischsten Unmittelbarkeit überlassen, und dies geschieht mit der sehr leichten – und darum poetischen –
Rhetorik desjenigen, der sich im voraus und ein wenig zu sehr an einem Ereignis ergötzt, das später, in der Erinnerung, sicher noch wird gären müssen. Und
man betrachte das Verb »lächelte«, das in Anbetracht der absoluten Unmittelbarkeit, der kontemplativen Bedeutung der Aufzeichnung, eigentlich im Präsens stehen müßte: »lächelt«. Das Imperfekt, das geheimnisvollste oder, wie
Leopardi sagen würde, unklarste aller Tempi, verleiht diesem vollkommen
gegenwärtigen Vergnügen einen erzählenden oder beschwörenden Ton, der
allein schon darum voller Nostalgie ist.

Der erste ist ein falscher elffüßiger Vers, denn er hat zwölf Silben, er
schwebt also mit technischer List, die sich am Ende aber als Unschuld heraus-
stellt, zwischen zwei verschiedenen Raffinessen; der zweite ist ein perfekter
Elfsilber, ja, liest man ihn in einem Atemzug, sogar einer von den ganz besonders vorschriftsmäßigen. Aber es gibt ein Komma, das ihn mit der Gewalt einer
Zäsur durchbricht, um ihn in zwei kürzere Verse zu verwandeln, und das ist wie
ein Innehalten in der verzückten Betrachtung, ein Aussetzen, das sofort darauf
vom *Enjambement* »seliger/Röte« wiederholt wird. Genau hier aber explodiert
– mit dem Maß und mit der Anmut, die nur Penna eigen sind – das liebende
und das dichterische *Pathos*.

Dann herrscht wieder das Schweigen der weißen Seite, das kein musikali-
sches Schweigen ist, kein Schweigen der Stimme, wie es zum Beispiel in den
leeren Räumen Ungarettis der Fall sein mag: nein, es ist einfach eine Rückkehr
des Lebens in seine unreflektierte Alltäglichkeit. Das Herz, das wieder mit
normalem Rhythmus schlägt, wieder aufgesogen wird von den geheimnisvollen
Wechselfällen des Daseins. Dies hier sind keine poetischen, sondern Aufzeich-

Sandro Penna und PPP, 1970

nungen des Lebens, der Liebe. Ein langer, innerer Monolog, der in seinen reinsten Momenten von seiner eigenen Reinheit gedrängt wird, sich zu offenbaren und eine dichterische Form anzunehmen. Um sich davon zu überzeugen, genügt es, den Beginn fast aller seiner Aufzeichnungen anzusehen: »Darauf...«, »Und dann...«, »Dann...«, »Ich kam unter euch...«, »Du verläßt mich...«. Fragmente, Streiflichter einer Liebesgeschichte, die dem Leser unbekannt und dem Autor vertraut ist bis zur Obsession, einer vollkommen süßen Obsession. Und es ist dieses Leben, das, die Folgen ausgenommen, unausgesprochen bleibt, dieses Leben mit seiner ganzen Verschwendung, mit all seinen Fehlern, seinen Manien, seinen leeren Momenten, seinen Erniedrigungen, seinen Gemeinheiten und seinen Trübungen, das in diesen kurzen Gedichten gärt und sie noch lange, über ihre eigenen Grenzen hinaus, wiederklingen läßt. Schlichtheit, Reinheit: sicher, aber es gibt keine wirklich gültige Grenze, ein Mensch und ein Leben sind immer komplex, unreine Mischung. Und wir würden sagen, daß es gerade die Verzweiflung über ein so zerfahrenes und aufgezwungenes Schicksal ist, deren Echo in der Dichtung dieses zum Glück verdammten Poeten erklingt, die Grenzen dieser Dichtung hinausschiebt und ihr jenen Widerhall verleiht, der ihren eigentlichen, versteckten Reichtum darstellt. (Und man muß sich wundern, wie häufig sich Kritiker darauf versteifen, die Grenzen Pennas in der Begrenztheit seiner Themen, im Fehlen gründlicher, vorbereitender Suche finden zu wollen. Es gibt diese Suche bei Penna, aber sie geht der Dichtung voraus, sie gehört zur Leere der schmerzhaften Tage voller Zwangsvorstellungen. Das Licht dieser Suche spiegelt sich in seiner Sprache wieder und projiziert sie in einen Raum, der sehr viel weiter, absoluter – kosmischer, möchte man sagen – ist, als es den Anschein hat. Jene sentenzenhaften Stücke von ihm, die man singen kann oder die fast in Prosa gehalten sind, sind voll von dieser verzweifelten Suche, und es ist die Suche eines nur scheinbar oder nur zufällig amoralischen Menschen. Wenn man von Penna verlangt, mehr oder etwas anderes zu sein, verhält man sich wie einer, der sich vor der schönsten Blume seines Gartens darüber beklagt, daß sie kein Strauch ist.)

Natürlich ist die Technik Pennas unnachahmbar, außerdem ohne wirkliche Vorgänger: Wollten wir jemanden suchen, mit dem er verglichen werden kann, so wäre der einzige Name, der genannt werden darf, wohl derjenige Rimbauds, des jungen Rimbaud mit all seinem vorerst noch virtuellen *dérèglement* und einer vielleicht noch flüssigeren und klareren melodischen Ader. Penna ist, wie Rimbaud, der kindliche Rebell, dem verziehen wird. Natürlich erreicht auch er in seinem täglichen Wahn eine oft unlogische Weisheit, eine vorzeitige und naive Reife. Man sehe sich nur an, wie das Buch beginnt:

> Glücklich, wer anders ist
> und sich unterscheidet.
> Aber wehe dem, der anders ist
> und allen gleicht.

Ein in aller Unschuld scharfsinniger Aphorismus, eine sokratische Maxime, im trotzigen Ton eines Kindes vorgebracht. Aber wieviel Verzweiflung steckt, wie zurückgehalten, wie gefiltert, wie vergessen, in diesem Trotz! Es ist die Verzweiflung, die inmitten all der glücklichen Worte dieses Dichters umgeht, der glücklich, *weil anders*, ist – und dem Leben, das ihn auf wundersame Weise für sein Anderssein entschädigt, so dankbar.   »Il popolo di Roma«, Rom, 28. September 1950

---

1 ▷   *Sandro Penna*: (1906-1977). Schriftsteller und Lyriker. Lebte in Rom, wo er in den fünfziger Jahren
        eng mit Pasolini befreundet war.

LEKTÜRE
IM KRANKENBETT

Auf dem Stuhl, zwischen dem Brillenetui und einer Kerze, zwischen ein paar Bleistiften und einem Stoß Karten, sehe ich die Bücher liegen, die sich dort seit einer Woche anhäufen. Die unvermutetsten Titel. Übrigens habe ich mich seit meiner Pubertät nicht mehr mit solcher Hingabe und solch innigem Vergnügen in die Lektüre vertieft. Trotzdem scheint mir, daß mein guter Wille nicht belohnt wurde: Das Lesen hat mich gerade eben vor der Leere der Langeweile bewahrt. Dabei ging es mir nur um eine erneute Lektüre von *Krieg und Frieden* oder *Die Malavoglia*[1]: ich habe also nicht zuviel verlangt! Aber es war nun einmal beschlossen, daß es mir nicht gelingen sollte. Nun darf, wer in einem möblierten Zimmer wohnt, allerdings auch keine übertriebenen Forderungen stellen, die Welt ist weit weg.

Ich muß aber bekennen, daß mein Wunsch, Roger Peyrefitte kennenzulernen, schon mindestens ein Jahr alt ist und zu dem Zeitpunkt besonders quälend war. Ich hatte einige – vortreffliche – Seiten seines Romans in einer Nummer von »Letteratura« aus dem Jahre '47 oder '48 gelesen; es war die Stelle, wo Alexandre und Georges sich im Treibhaus, nahe bei der Kiste mit den Zitronen, treffen, und die andere, in der Pater de Trennes sich mitten in der Nacht aufmacht, Georges und Lucien zu besuchen. Man muß schon sagen, Peyrefitte war hier sehr geschickt vorgestellt worden! Es handelte sich zweifellos um die besten Seiten. Der erste Teil des Romans ist ihnen außerdem ebenbürtig. Aber die zweite Hälfte... besonders das letzte Kapitel mit dem Tod Alexandres: Selten habe ich etwas Verfehlteres gelesen. Ich denke an den Schlußteil des Romans *Gefährliche Liebschaften* von De Laclos, der einen ähnlichen Titel hat – oder an dem sich der Roman Peyrefittes vielleicht inspiriert hat –, und mir fällt das erschreckende Feuer ein, mit dem das Fallen aller Masken, die Explosion von Perversität und Schamlosigkeit und der unbewußte Selbstmord als Folge einer wütenden und bei klarem Verstand durchgeführten Selbstbestrafung hier beschrieben werden. Bei Peyrefitte dagegen endet alles ohne rechten Grund: Darum bleibt die Liebe des Heranwachsenden zu dem Knaben so ungerechtfertigt für jenen wie unglaubwürdig für diesen. Ein Tod ohne Läuterung also, weder einer moralischen noch einer poetischen Läuterung, ein literarischer Tod, dessen Aufklärung sich die Gestalten des Jünglings Georges und des Paters Lauzon, beide verantwortlich, mit einer menschlichen Haltlosigkeit entziehen, bei der einem das Blut in den Adern gefriert. Wir sind weit entfernt davon, die »besondere« Liebe, die die beiden Knaben verbindet, zu verdammen. Aber wir können nicht umhin, über die Leere entsetzt zu sein, in die diese Liebe führt.

Verglichen mit Peyrefitte, sind Sartre und Genet so harmlos wie Erstkommunikanten.

Auf *Heimliche Freundschaften* folgte *Der scharlachrote Buchstabe* von Hawthorne. Nach Peyrefitte hat mich der gute Hawthorne mindestens ebenso gelangweilt wie gerührt. Davon abgesehen ist der flammende Buchstabe des Ehebruchs genauso unannehmbar wie die Gewissenlosigkeit von George de Sarre: eine verpaßte Lektion in Sachen Menschlichkeit. Was mich an dieser, genau vor einem Jahrhundert geschriebenen Erzählung allerdings interessiert hat, war – außer ein paar Seiten fein säuberlich glühender Romantik und einigen breitangelegten, in ihren Umrissen mit pathetischer Klarheit gezeichneten Szenen – der Zuschnitt, das narrative Vorgehen. Es ist der Gang der Konversation, mit ziemlich unwahrscheinlichen, und dennoch selbst für einen Roman stark forcierten Situationen; vollgestopft mit moralischen Betrachtungen, mit klingenden psychologischen Rechtfertigungen, die nur dazu dienen, den Eindruck des Gezwungenen noch zu unterstreichen. Und so treten dann auch die Personen, eine nach der anderen, »eingeführt und vorgestellt« auf die Bühne. Aber das war 1850, und darum bleibt *Der scharlachrote Buchstabe* trotz allem eine ehrenwerte Erzählung. *Il Fiore della Mirabilis* jedoch, das Bacchelli[2] erst vor wenigen Jahren schrieb, hat mich buchstäblich entsetzt. Ich habe meinen Augen nicht getraut, als ich es überflog. Daß man so einen Roman schreiben kann! Jedes Mal, wenn eine neue Figur auftritt, von vorne anfangen und ein Porträt von dieser Figur anfertigen (unglaublich!) Ich werde also meine frühere Lektüre *Des Teufels auf dem Pontelungo* (von vor zehn Jahren) noch einmal überdenken und mir Bacchelli erneut vornehmen müssen: Sicher ist aber schon jetzt, daß die Sprache dieses *Fiore della Mirabilis*, diese überspannte, wunderliche Sprache zwischen der »Ronda«, der Crusca[3] und Fucini[4], hoffnungslos veraltet ist. Auch *Novale* von Tozzi[5] (posthum von Emma Tozzi gesammelt) ist gewiß kein Wunder an Aktualität. Ferrata hatte mich auf Tozzi aufmerksam gemacht (in seiner Übersichtstabelle im »Tempo«), und der gute Penna ist mit dem alten Band an meinem Krankenbett erschienen. Die ersten Seiten (der Briefwechsel des neunzehnjährigen Tozzi mit einer unbekannten Dame im Jahre 1903) sind von gewissem Interesse, obgleich ziemlich nichtssagend im Hinblick auf die zukünftige Entwicklung des Erzählers. Der zweite Teil dagegen (1906: die Dame ist nicht mehr unbekannt) ist zu verworren privat und hat nichts mehr zu sagen.

Eingekeilt zwischen diese verschiedenen Lektüren ein völliger Fremdkörper: Evelyn Waugh, *Eine Handvoll Staub*. Ein sehr aussagekräftiges Reaktionsmittel. Der Vergleich mit diesem wohlüberlegten und furchtbaren Roman zeigt, wieviel Provinzielles, Unreifes, »Poetisches« gewisse Bereiche unserer Literatur fortwährend bedroht. Diese *Handvoll Staub* ist sicher kein Meisterwerk: Aber man wird zugeben müssen, daß man beim Lesen nicht mehr als zwei oder drei Abschnitte aus wenigen Zeilen überspringt. Es gibt hier keine überflüssigen Worte, keine ungerechtfertigten Teile, keine Absichten. Jetzt bleibt noch zu beweisen, ob das auch bedeutet, daß das Buch wesentlich und notwendig ist: oder ob es stattdessen das Ergebnis einer gesitteten und diskreten Achtung vor der Form ist. Was in jedem Fall auch nicht wenig wäre. Sicher, die – unserem Empfinden nach – eher humoristische als ironische Oberfläche gehorcht elegant allen guten Spielregeln und entlockt einem mehr als ein amüsiertes Lächeln. Im Hinblick auf die andere, die dunkle Gegenseite, möchte man statt vom Kafkaschen Schrecken eher von demjenigen Eliots (dessen Verse zum Titel anregten) sprechen.   *»Il popolo di Roma«, Rom, 22. März 1951*

1 ▷ *»Die Malavoglia«:* Roman über die Familie eines sizilianischen Fischers von Giovanni Verga (1881).

2 ▷ *Riccardo Bacchelli:* (1891-1985). Schriftsteller. Mitarbeiter der Zeitschriften »La Voce« und »Ronda«, die er zusammen mit Cardarelli und Cecchi gründete. Sein umfangreiches Werk knüpft an Manzoni und Carducci an, spiegelt aber auch seine gleichzeitige Tätigkeit als Essayist, Dramaturg und Journalist.

3 ▷ *Accademia della Crusca:* Akademie für italienische Sprache, 1583 in Florenz gegründet. Ihre Hauptaufgabe bestand in der Verbreitung des Florentiner Italienisch, das zum ersten Mal 1612 im »Vocabolario degli Accademici della Crusca« kodifiziert wurde und seither Grundlage aller italienischen Lexika ist.

4 ▷ *Renato Fucini:* (1843-1921). Schriftsteller. Vorläufer des Verismus, nahm den Dialekt in die Sprache seiner Romane auf.

5 ▷ *Federigo Tozzi:* (1883-1920). Erzähler. Von D'Annunzio und Verga beeinflußt. Arbeitete in Rom als Journalist zusammen mit Pirandello.

STIMMEN IN DER STADT GOTTES

DIE GEDICHTE DANILO DOLCIS

Besonders komplex scheint es nicht, was Danilo Dolci[1] uns über das Neue in seinem Verhältnis zu Gott mitteilt; wir fragen uns auch, was er wohl geschrieben hätte, wenn er nicht über eine, gleichwohl nie zur endgültigen Reife gelangte, literarische Bildung verfügen würde, die vielleicht weniger die Mystiker der Vergangenheit (deren unmäßige Vertrautheit mit der Allgegenwart Gottes in seinen »Stimmen« Spuren hinterlassen hat), als vielmehr die Mystiker der jüngsten Krisenzeiten einschließt, diese fast schon zu Pascalschen Mystiker, denen es eher um das Gottesproblem als um Gott geht. Wir wollen uns nicht auf konkrete Namen beziehen, auf die epische, heroische Anstrengung Claudels zum Beispiel, oder, einfacher, auf die Hymnendichtung Ungarettis in *Der Schmerz*, wir beziehen uns lieber auf eine Durchschnittsinspiration (in Italien denke man an das »Frontespizio«).[2] Die literarische Bildung Dolcis wurde, wenn man so sagen darf, unterbrochen, und zwar unmittelbar nach dem letzten Krieg, als sich im Bewußtsein vieler junger Leute seiner Generation (er ist Jahrgang '24) die Grenze zum Limbus der Hermetik mit seiner apriorischen literarischen Intransigenz, mit seinen metrischen und mentalen Sperren gegenüber allem Nicht-Poetischen noch nicht weiter hinausgeschoben hatte. Diesem – weitaus schlimmeren als nur weltlichen – Moment, das bei Dolci überlebt hat, ist es zu verdanken, wenn die Beteuerungen seiner – immer schon wirksamen, immer schon als Beispiel dienenden – Inbrunst Verdacht auf Unglaubwürdigkeit und nominelle Gewalt erregen. Es gibt in seinen Versen ein Mißverhältnis, allerdings nicht so sehr zwischen seinem Großen Gegenstand und seinen Worten – das wäre in jedem Fall unvermeidlich –, als vielmehr zwischen Dolcis eigenen Worten selbst: das Mißverhältnis zwischen einer literarischen Versuchung und einer unliterarischen Absicht. Aber genau aus diesem Grund ist der Inhalt hier von überwältigendem Interesse. Es sind nämlich die vom Inhalt verursachten Ausdrucksfehler selbst, die ihn immerhin annehmbar machen. Einziger Inhalt ist jenes Quentchen Neuheit, das Danilo unserer tausendjährigen Erfahrung mit dem Göttlichen

◁ Danilo Dolci

hinzufügt, und es besteht in seiner Gleichsetzung Gottes mit dem Nächsten in
Gestalt der unmittelbar umgebenden Gemeinschaft, kurzum: einer Identifikation Gottes mit Nomadelfia.[3] Nicht zunächst in sich selbst, nein, in den anderen
hat er Ihn wiedergefunden, im sozialen früher als im personalen Leben. »Und
Du, Gott«, schreibt er (Poesia III), »bist einsamer, ärmer als ich:/Ich habe dich
unter dem Seziermesser schmachten gesehen/das dich von einem Magenge-
schwür in den Eingeweiden befreite,/Ich habe dich betrunken gesehen...«,
usw. Den vollkommen Anderen hat er also in den anderen wiedergefunden, in
den Ärmsten, Einsamen, Entrechteten: natürlich – aber warum eigentlich in
ihnen? Warum nicht in den Wohlhabenden und darum Gelösteren und Fröh-
licheren? Hier, in dieser unlösbaren Frage, die sich höchstens mit einem
Rekurs auf nostalgische Sehnsüchte erklären ließe, haben wir eine erste Inko-
härenz bei Danilo, ein erstes unreines Element in seiner Illusion des Rückschritts. Wie auch immer, da dieser schreckliche, dieser unerkennbare Gott
nun einmal in den Mitmenschen der Umgebung erkannt worden ist, gehört
zum logischen Gefüge dann natürlich auch die Berufung zum Dienst am Nächsten als Dienst an Ihm: eine liebende Bindung an die anderen, die keine
Unterschiede kennt (»Um zu leben, muß Bruder ich dir sein/und Vater«: ein
Verhältnis von Bruder- oder Vaterschaft miteinander einzugehen, ist bekanntlich die allgemeine Regel der Gemeinschaft von Nomadelfia). Poesia III fährt
fort: »Und dir die tropfende Nase zu putzen.../dir ein festes Haus aus Stein zu
bauen/massiv und senkrecht im Lot...«, um die gegenseitigen Liebesdienste
dieser Bindung in der Vorstellung konkret werden zu lassen. Übrigens werden
wir in bezug auf die Arbeit, die in Nomadelfia getan werden muß, eine Arbeit,
die durch und durch mit heiliger Bedeutsamkeit getränkt ist, noch oft lesen:
»Zögerst du, wenn er dich ruft, die Zisterne/des Aborts bis auf den Grund zu
schütteln/um den gesäten Garten zu düngen/und die Kehle verschnürt sich im
Brechreiz?/und Säcke von einem Zentner abladen...« (Poesia VII); und dann
wieder: »Dein Kreuz ist, dem Kind zuzulächeln, wenn du es säuberst/weil es
sich vollgeschissen hat...« (Poesia XIV).

Die Grenze der franziskanisch-christlichen Demut, dieses virtuell häreti-
schen Moments, wird nicht überschritten: Es gibt dabei jedoch Ansprüche, die
auf ihre Weise sozial und kommunistisch sind: aktuell in ihrer ganzen restaura-
tiven Naivität. Für Danilo kann das alles jedoch nur ein Mittel sein, und es ist
um so wirksamer, je schneller und vorbehaltloser es eingesetzt wird. Sicher,
über die »Mauern, senkrecht im Lot«, über die »Säcke von einem Zentner«
darf man lächeln (die einfältige und ein wenig leichtfertige, unangenehme
Sehnsucht des Bürgerlichen nach einer Klasse direkt unterhalb der seinen,
seine kindische Begeisterung für eine manuelle Tätigkeit, die ihm dann rhetorisch zur Tätigkeit par excellence wird). Für den modernen Menschen, der den
Pfad der Demut, das heißt, des Rückschritts, beschreiten will, liegen die Dinge

jedoch nicht so einfach wie für den Heiligen Franziskus, der zu seiner Zeit, in seiner Gesellschaft, fast unmittelbar auf die Natur stieß, nachdem er von sich abgesehen hatte. Will man den Mystizismus derjenigen akzeptieren, die, wie Danilo, auf scheinbar so anachronistische Weise die Bürde der Heiligkeit auf sich genommen haben, muß man auch die Gemeinschaft von Nomadelfia akzeptieren. Aber das ist, wie gesagt, nur ein erster Moment. Für Danilo ist Gott zwar entdeckt, aber er ist noch nicht angeeignet. Seine Frage lautet daher noch: »Warum bin ich noch kein Abgrund?... Warum bin ich noch nicht/Gott?« (Poesia I) In dem kurzen Text, den wir vor uns haben, halten wir dies für den aufrichtigsten, wahrsten Moment, wohingegen uns sein *Enthusiasmus* ein bißchen skeptisch stimmt (»Du hast mich angefüllt; manchmal/hast du mich durchtränkt, bis mir übel wurde./Ich habe nichts mehr, was mein ist/du hast mich ausgelöscht, ich erkenne mich nicht wieder/ich bin Dein Sohn, ich bin Deine Stimme/ich bin Deine Bewegung, nacktes Leben«, in der Poesia IV; und: »Mir, der ich mich genossen hatte und dalag/wie ein krankes Weizenfeld/hast du das Leben wiedergegeben, und mehr noch:/wie dem Märzveilchen den Samt«, in der Poesia VI). Dies sind Verse für mystische Exerzitien, wie sie jeder Stümper hätte schreiben können. Aber auch dort, wo die mystische Sprache gröber und peinlicher wird, wie in den Versen: »und mit tiefen Schlucken werden wir unseren Durst löschen/mit dem sprudelnden Blut Gottes./Wir werden auf Sein Blut anstoßen«, oder: »In einer süßen, fortwährenden Agonie/träume ich Dich und esse Dich...« lebt Danilo nicht von einer wahren, brutalen Überzeugungskraft. Dazu bräuchte es viel mehr: Man kann nicht zweimal auf die gleiche Weise Anstoß erregen, das erfordert schon den Mut der Verzweiflung.

Die zwei und manchmal auch drei Stimmen, die diese Verse abwechselnd aussprechen, sind also tatsächlich innere Stimmen. Ihre sprachliche Funktion läßt sich jedoch kaum erkennen, sie bleiben daher etwas unverständlich. Vielleicht stellen sie frühere, noch nicht überwundene Zustände dar: Übrigens spricht die am wenigsten heilige dieser Stimmen die eigentlich poetischen oder literarischen Bilder dieses Buches: »So fein die Berge in den Nebeln/daß du sie atmen kannst, wie Luft«, und: »Am holunderduftenden Himmel/kreist weiß eine Schwalbe über mir«. Und bei der mehr als religiösen Aufgabe Dolcis will es schon etwas heißen, wenn man ihn an Namen erinnern muß, die ihn in seiner Rolle als Dichter recht weit von Nomadelfia entfernen, ihn entführen in das irreligiöseste und arkadische Italien, dort, wo es am klerikalsten und am ungläubigsten ist, oder, noch schlimmer, am gleichgültigsten. Wir waren immer der Ansicht, der Glaube an Gott brächte die natürliche Ablehnung jedweden Kompromisses mit sich. Danilo dagegen hat den Kompromiß und das daraus folgende Mißverhältnis akzeptiert. Zwar fehlt ihr die hartnäckige Naivität der analphabetischen Dichter (der proletarischen Dichter, hätten wir fast gesagt),

aber Dolcis Dichtung ist genauso wie diese (oder vielleicht vor allem) ein Werk
der *propaganda fide*, eine fanatische Einladung nach Nomadelfia. Und in diesem Fall ist die Sünde, die Gott am ehesten geneigt ist zu verzeihen, die Sünde
der Rhetorik.   *»La Fiera Letteraria«, Rom und Florenz, 23. September 1951*

1 ▷   *Danilo Dolci:* (geb. 1924 in Triest). Studierte Architektur in Mailand und Rom. Arbeitete mit Don
      Zeno Saltini in Nomadelfia zusammen. Nach dem Abbruch dieses Experiments durch staatliche und
      kirchliche Stellen ging er nach Sizilien, organisierte Streiks, Kooperativen und kämpfte gegen die
      Mafia mit den Mitteln des gewaltlosen Widerstands.
2 ▷   *Il Frontespizio«:* Katholische Kulturzeitschrift, erschien von 1929 bis 1940 in Florenz. Literatur und
      Kunst wurden als Ausdruck religiöser Erfahrungen beurteilt. Später machte sie sich zum Fürspre-
      cher des Hermetismus.
3 ▷   *Nomadelfia:* 1947/48 von dem Geistlichen Zeno Saltini im mittelitalienischen Nomadelfia gegründete
      »Stadt Gottes« für Kriegswaisen und gesellschaftliche Randgruppen.

DAS LEBEN IN SEINER UNSELIGEN WIRKLICHKEIT

CARLO EMILIO GADDAS
»NOVELLE DAL DUCATO IN FIAMME«

Es erscheint uns nicht übertrieben, den großen Schriftsteller Gadda vor dem Hintergrund der gesamten historischen Landschaft der italienischen Prosa zu sehen. Die Schwierigkeiten, die Gaddas Sprache bereitet, beschränken sich nicht auf seine Bücher: Sie haben die Tendenz, zum Hauptproblem bei diesem Schriftsteller zu werden. Unmöglich, sich Gadda ohne das ganze literarische Novecento Italiens vorzustellen, und dieses wiederum ist nicht denkbar ohne das besondere Ottocento, in dem es von der Anlage her bereits enthalten ist. Schon viele Kritiker haben sich am großen Gadda-Bankett ergötzt und es entsprechend gewürdigt: Die wichtigsten Stiluntersuchungen, die man anstellen könnte, sind daher bereits alle unternommen worden. Es gibt keine andere Autorenbibliographie (diejenige Cecchis vielleicht ausgenommen), die sich scharfsinnigerer und ausführlicherer Analysen rühmen könnte. Der Leser nehme darum bitte keinen Anstoß, wenn wir dieses gewaltige Gebilde von Erzählungen, *Novelle dal Ducato in fiamme* (von Vallecchi publiziert und in Viareggio preisgekrönt) eher einordnen als analysieren wollen: leider mit schematischer Trockenheit, mit kaum mehr Atem, als ginge es um einen Karteieintrag.

Gadda gehört voll und ganz, zugleich aber auch nur am Rande zu unserem Novecento: Vielleicht könnte sein Curriculum die psychologischen Erklärungen dazu liefern und Umstände beitragen, die prägend waren. Fest steht jedenfalls, daß es wesentliche Unterschiede zwischen seiner »Kunstprosa« und derjenigen seiner Zeitgenossen gibt. Zunächst einmal fehlt bei ihm jeder Anklang an den D'Annunzianismus – wenn wir schon unbedingt auf den Beginn des Jahrhunderts zurückgehen wollen, auf seine Morgendämmerung, als es noch mit dem vorhergehenden Jahrhundert vermengt war: Und darum gibt es hier noch keinen Barock in der gängigen Bedeutung, die der Begriff nach D'Annunzio wieder erhielt. Gaddas Barock ist ein realistischer Barock: eine Stilkategorie, die (im Gegenteil!) dem Seicento vorausgeht: Sie findet sich in jener Konstante der italienischen Literatur, die Contini Vielsprachigkeit nennt und der petrarkesken Einsprachigkeit entgegensetzt, das heißt, jener absoluten und in ihrer

erhabenen Reinheit fast ahistorischen Sprache, die der italienisch-florentinischen Literatur immer als Vorbild diente. Und dabei hat die italienische Literatur (nicht die florentinische) gerade im Zeichen des *pastiche* begonnen. Das *pastiche* Gaddas eben: Literatur der Ursprünge, wie bei Gadda, nicht-metaphysische Literatur (die sich nach dem großen realistischen Kanon der *Göttlichen Komödie* richtet). Von den italo-provenzalischen, franco-venezianischen, sizilianischen Versdichtern über das realistische Trecento, das makkaronische Quattrocento, das sinnliche Cinquecento usw., bis zur Romantik, die (in unserem Fall vorbildlichen) wissenschaftlichen Poeme des Settecento eingeschlossen...
Der Leser erschrecke nicht vor der Häufung und halte sich ruhig an dem Schema fest. Er wird dann sehen, wie die große petrarkeske Konstante an der Schwelle zu unserer Epoche brüchig und erschöpft wirkt: wie die gesellschaftliche und politische Welt, in der sie hatte existieren können. Die andere Strömung, die danteske, erscheint dagegen als virtuell lebendig und zu neuen Entwicklungen fähig. Während der sprachliche Petrarkismus in den Schulen, den Akademien als Privileg der konservativen und herrschenden Klassen fortlebte, wucherte der sprachliche Dantismus im kämpferischen literarischen Leben, saugte sich mit Risorgimento, Liberalismus, Sozialismus voll... Vielleicht wegen seines immanenten dezentralen Demokratismus, wegen seines gleichbleibend starken Sinns für Religion und Moral... Die theoretische Rückkehr Manzonis in das Florentiner *Zentrum* ist eben nur theoretisch gewesen: Tatsächlich bleibt Manzoni lombardisch, regional und Moralist. Geradeso wie Verga (natürlich müssen die Attribute hier dem anderen Breitengrad angepaßt werden): Und mit Verga zerfällt der sprachliche Realismus der religiösen und moralischen Absichten dann einerseits in einen Realismus auf wissenschaftlicher Grundlage, andererseits findet er sein Daseinsrecht in einer tiefen lyrischen Gefühlsregung: in der »Entdeckung des inneren Monologs«, wie Contini sagt. Außerdem muß angemerkt werden, wie dieser Realismus – auf einer niedrigeren, eher zweckbestimmten Ebene – zur Schaffung einer literarisch-journalistischen *koinè* beiträgt, in der das Italien des ausgehenden Ottocento und des beginnenden Novecento seine politische und, vorerst noch bescheiden, seine kulturelle Einheit ausdrückt.

Wie kommt diese ganze Erfahrungsfülle nun bei unserem literarischen Novecento und besonders bei Gadda an? Trennen, schematisieren wir ruhig weiter – immer mit Blick auf Gadda: Vom Erbe des Ottocento können besonders die folgenden Daten als äußere Einflüsse auf Gadda gelten: 1. eine Manzoni-Komponente, die ihren Ursprung nicht bei dem Theoretiker Manzoni, sondern (wie Schiaffini sagt) bei »dem Romantiker« Manzoni hat, »denn das romantische System schloß eine christliche und demokratische Tendenz ein«:

Carlo Emilio Gadda und PPP ▷

der lombardische Manzoni also, der Manzoni zwischen den beiden Polen des heimischen Kirchturms und der Nation. 2. eine Dialekt-Komponente, in der Porta und Belli, die beiden nicht komischen Ironiker, nicht farbigen Expressionisten, herausragen. 3. eine »Scapigliatura«-Komponente,[1] deren »Funktion für Gadda« von Contini in seiner jüngsten Anthologie der Piemonteser »Scapigliatura« hervorragend untersucht worden ist. 4. eine Verismus-Komponente[2] (mit lyrischem Hintergrund) nach dem Vorbild Vergas.

Man spürt die Gegenwart all dieser Komponenten nicht nur an ihrer belebenden Kraft, sondern auch an einer leicht fauligen Patina, die sie auf den Seiten hinterlassen. Die erste Komponente schlägt sich bei Gadda als eine Art Konformismus sowohl provinzieller als auch nationaler Natur nieder (das mag abwegig erscheinen: ist es aber nicht, wenn man an die enorme Schüchternheit dieses gewaltigen Anarchisten denkt, der so sanft ist wie ein Junge), und hinterläßt ihre Spuren zum Beispiel in der (autobiographischen) Gestalt des Hauptmanns der Erzählung *Schwiegervater/Schwiegersohn*. Von der zweiten, der Dialekt-Komponente, bleibt ein gewisser Geschmack dörflicher Abgeschiedenheit, der allerdings oft erheitert. Von der dritten, der bohèmehaften Komponente ein Exzeß an pathologischem, klinischem Psychologismus. Von der vierten, veristischen, eine kaum verhüllte, grobschlächtige Genugtuung über die wissenschaftliche Sprache und Haltung: ein schamloser Laborgeruch.

Nun erreichen all diese äußerlichen Komponenten (Gadda wurde vor sechzig Jahren geboren) Gadda mitten im Novecento: Das heißt, sie durchlaufen einen Filter, der sie substantiell verändert. Es geht dabei um den Verfall aller Mythen des Ottocento und der Moderne und um die Krise unserer Epoche, das heißt, die Krise des Großbürgertums, das jene Mythen hervorgebracht hat. Diese stilistischen Komponenten kommen also schon inhaltsleer und gehaltlos bei Gadda an. Geblieben ist nur ihre Kraft, ihre Ausdrucksgewalt: eine Kraft an sich, denn die Gründe für den Ausdruck sind ihr verlorengegangen. Es gibt keinen Glauben mehr außer dem überlebten, zähen Festhalten an einer undifferenzierten, aber dennoch wirksamen Passion für das Individuum, einer Art Übermensch ohne Willen zur Macht. Man beachte auch, daß die antibürgerlichen, polemischen Motive bei Gadda im Grunde abgedankt haben: desgleichen die Rondianische Lust an der Literatur als letzter und eleganter Rettung. Gadda sieht sich in blinder Einsamkeit einer blind einsamen Welt gegenüber: Getrieben nur von empirisch-irrationalen Impulsen, gehen beide aufeinander los, und der Zusammenstoß löst neurotische, kosmische Schmerzen aus.

Natürlich dient die Ausdruckskraft Gaddas dazu, eine Welt wiederzuerschaffen, der jede Möglichkeit der Rationalisierung fehlt – als ob der Idealismus und Croce für Gadda nie existiert hätten, als ob jeder – sowohl der religiöse als auch gesellschaftliche – Finalismus reine Feststellung, bloßes Phänomen der umgebenden Welt sein könnte und nicht inneres Maß der Welt wäre: Das bedeutet, daß sie in diesem Schriftsteller eine Art schrecklicher Unterbrechung erfahren, fast wie in einem Organ, das von der Geschichte abgetrennt wurde, oder das die Geschichte eines Teils der Menschheit (unsere, die bürgerliche Geschichte) lebt, der bald überwunden sein wird.

Nachdem sie nun in einen Geschichtsverlauf eingeordnet wurde – im vorliegenden Fall in die Geschichte der italienischen Prosa –, könnte diese Schreibweise, zu der die Scapigliatura und Verismus des Ottocento als Ergebnisse derselben Sprachgewalt gleichermaßen hinführten, mit der Formel »Expressionismus« bezeichnet werden. Und eine innere Untersuchung der Gaddaschen Prosa würde zu eben diesem Ergebnis führen.

Hier nun – auf das Schema reduziert – die wesentlichen Komponenten dieser Prosa: In psychologischer Reihenfolge: 1) Eine narzißtische Zwangsvorstellung, die außer der typisch verzerrten Perspektive eines gnoseologischen Verhältnisses zur Realität auch die nostalgische Sehnsucht nach der Epoche impliziert, als man dieser Zwangsvorstellung erlag. Weiter enthält dieser Narzißmus eine unbezwingbare Neigung zu den Figuren der »Zwanzigjährigen« (sowohl die nur flüchtig Angedeuteten   etwa die häufig wiederkehrenden »Alpini« – als auch die sehr lebhaft Gezeichneten wie die junge Hauptfigur der Erzählung *Cupido im Hause Brocchi*). 2) Eine krankhafte Reaktion auf Berührungen mit der Außenwelt: Der »Ton« bei Gadda, diese Mischung aus Wut und Mitleid, Sanftmut und Mißgunst, mit der er sich der Gesellschaft anpaßt, als ob er einen Kreuzweg durchschritte. Einer Gesellschaft, aus der er verstoßen wurde und der er gleichzeitig freiwillig abgeschworen hat, fast als ob er in seiner blinden Liebe zu ihr wütende Polemik und Bedauern, Groll und gutmütige Hänselei nicht mehr unterscheiden könnte. Sogar seinen Antifaschismus (in *Schwiegervater/Schwiegersohn* und *passim*) könnte man für eine Reaktion darauf halten, daß die Faschisten besonders nervtötend sind. Und letztlich ist der einzige Inhalt seiner großen Ausdruckskraft ein vager Zustand psychischer Bewegtheit, lyrischer Bewegtheit also, aber in einem überreichen Wortsinn, der Lyrismus der »Komödie« nämlich...

In stilistischer Reihenfolge: 1) Die *contaminatio* der Sprachen (weitere Ausführungen sind überflüssig, es gibt mittlerweile genügend Anmerkungen zu dem Thema). 2) Die analytische Wut, der immer wieder ein *excursus* schnell und heftig zu Hilfe eilt (bewundernswert).

Im Zusammenhang mit dem erstgenannten Punkt möchten wir noch die wesentlichen und besonders wirkungsvollen Elemente der Gaddaschen *Gräßlichen Bescherung* hervorheben: nämlich die von bildungssprachlichen Begriffen (die den eindrucksvollsten Bestand dieser Schreibweise ausmachen) überquellende *literarische Sprache* und die *veristische Sprache*, die, mit impliziter Dialektfärbung, vor allem im sehr seltenen und fast immer »zitierten« Dialog lebt.

Während es nämlich bei Verga der Dialog (beziehungsweise das in seiner
Wirklichkeit objektiv angeschaute und gehörte Leben) waren, die die wunderbaren Verwirrungen des Erzähltextes hervorbrachten, indem er Schwingungen
erzeugte und auf lyrische Weise den Gegensatz zwischen gesprochener und
literarischer Sprache in Bewegung brachte, ist es bei Gadda dagegen der Er-
zähltext selbst, der den Dialog erzeugt – wie einen Zusatz, wie ein Höchstmaß
an sprachlicher Kraftentfaltung, wie ein erhabenes Verspotten: ein letzter Blick
auf das Leben in seiner unseligen, unerreichbaren Wirklichkeit. Oh ja, ausgehend von der Vergaschen Interjektion »Santo diavolone!« (Heiliger Erzteufel!),
die schon Russo eingehend untersucht hat, bis zum Gaddaschen »Vacca mise-
ria!« (Heiliges Donnerwetter!), das der Laufbursche ausruft, wenn er sich an
den herrlichen Busen der Jole wirft, könnte man ein ganzes, großes Kapitel
italienischer Literaturgeschichte schreiben.

Es gab einen Abschnitt der Geschichte unserer Prosa, in dem die Prosa,
die jahrhundertelang diachron zur Lyrik verlaufen war, sich nun – fast als
Reaktion auf die eigene, im Prozeß der nationalen bürgerlichen Einheit er-
lernte Zweckrationalität – in der »Kunstprosa« mit der Lyrik verband. Gadda
konnte sich dem Einfluß eines solchen Vorgangs nicht entziehen: Wie wir
gesehen haben, verfährt er aber grundsätzlich anders als seine Zeitgenossen.
Obwohl er das per definitionem realistische Verhältnis auf den Kopf stellt, führt
er den Realismus Vergas im zwanzigsten Jahrhundert auf seinen Höhepunkt;
verleiht dem philologischen und bohèmehaften Libellismus, diesem etwas provinziellen Kind der Romantik, »nationalen Atem«; und verwirklicht mit Hilfe
seiner außerordentlichen Sprachmaschinerie, seiner »Hypertaxe« (wenn wir
diesen neuen Begriff aus Sympathie prägen dürfen), konkret die Theorien Ascolis gegen den Theoretiker Manzoni. Sieht man ihn als jemanden, der den
Sprachentwicklungen seiner Zeit fremd gegenübersteht, mag Gadda innerhalb
einer eher absoluten geschichtlichen Hierarchie als ein authentischer »Klassi-
ker« erscheinen: Ja, von gewissen, besonders repräsentativen Arbeiten könnte
man – ausgerechnet mit einem Satz Ascolis über Manzoni – sagen, daß sie
geschrieben sind »mit der grenzenlosen Macht einer Hand, die keine Nerven
zu haben scheint«.   *1954*

1 ▷ *Scapigliatura:* Literarisch-künstlerische Bewegung von etwa 1860 bis zur Jahrhundertwende, die sich
auf Mailand und Turin konzentrierte. Sie wurde zum Synonym für die italienische Bohème und trägt
alle entsprechenden Merkmale der gleichzeitigen europäischen Bohème: die Kunst als höchste
Erkenntnis- und Praxisform, antibürgerliches, exzentrisches Verhalten, das Leben als Kunstwerk,
dekadente und romantische Motive (u. a. Boito, Arrighi, Dossi, Camerana).

2 ▷ *Verismus:* Literarische Bewegung und Stilrichtung um die Jahrhundertwende, die sich auf die französischen Naturalisten und die zeitgenössische, positivistische, auf den Vorrang wissenschaftlicher
Erkenntnis gegründete Philosophie bezieht. Der Verismus hatte großen Einfluß auf das Theater
(einige Motive überlebten bei Pirandello) und führte die Verwendung des Dialekts in die Literatur
ein. Seine Vertreter sind u. a.: Giovanni Verga und Grazia Deledda. Der Verismus gilt als Vorbereiter
des italienischen Neorealismus.

DIE NEUE FRÖHLICHKEIT UNGARETTIS

ÜBER »UN GRIDO PAESAGGI«

E in einziges Mal hatten wir Gelegenheit, Ungaretti – in einer Fußnote – zu zitieren, es war in der Einleitung, die wir für eine Sammlung von Dialektdichtung des Novecento verfaßt haben.[1] Wenn man bedenkt, daß diese Einleitung keine reine Aufzählung von Daten zum Dialekt war, in der sie ruhig als Randerscheinung hätten behandelt werden können, sondern daß der Text jene Daten in das gesamte literarische System des Novecento einordnete, könnte dieses fast völlige Ausblenden Ungarettis unberechtigt erscheinen: aber so war es nicht, denn Ungaretti war implizit immer beteiligt, war in unserem Bewußtsein als qualitativ und quantitativ unverzichtbares Reagenz anwesend. In der Spannung zwischen Peripherie und Zentrum, die das Leitmotiv unserer Forschungsarbeit bildete, verkörperte er sogar den zweiten Begriff der Antithese.

Wir haben hier nicht den Ehrgeiz, in einer Besprechung, die nicht technisch-wissenschaftlich werden kann, auch nur in Andeutungen einen Vortrag über die inneren, die im engeren Sinn des Wortes sprachlichen Werte dieses neuen, kleinen Werkes von Ungaretti[2] zu halten. Aber auch ohne gleich in seinen Kern vorzudringen, erscheint uns der Versuch außerordentlich reizvoll, das Werk in die mehr als dreißigjährige Entwicklung dieser Lyrik einzuordnen: also die Position Ungarettis in unserer Literaturlandschaft – auf einer äußerlichen Oberfläche – erneut genauer zu bestimmen.

Die angesprochene Fußnote, die sich auf einen jungen, friaulischen, sichtlich von den Griechen bis zu Quasimodo und Penna und den Spaniern von Machado bis Lorca beeinflußten Dichter bezog, lautete wie folgt: »Der Leser bedenke wohl, daß wir uns in der Nähe des literarischen Zentrums, aber noch nicht genau im Zentrum befinden. Die hier genannten Namen repräsentieren bereits einen, gleichwohl feinen, Abstand zu jenem Zentrum, in dem die »Ronda«,[3] »Solaria«,[4] »Letteratura«[5] und die – mit Betocchi[6] katholische – Hermetik ihren Platz haben; während sich, trotz der gotischen Töne der Heiterkeit und des immanenten Barock, Giuseppe Ungaretti geradewegs im Herzen des literarischen Augenblicks befindet.« So offensichtlich erschien uns also die Tatsache, daß Ungaretti »geradewegs im Herzen« unserer Dichtungs-

periode lag, daß sie in eine Fußnote verbannt werden konnte. Aber man beachte doch hier schon die Koinzidenz: sprachlich *im Mittelpunkt* und mit seiner
religiösen Suche *im Mittelpunkt*; zwei Komponenten auf unterschiedlichen
Ebenen, die sich in jener abstrakten Leitlinie, der *Tradition*, vereinen. Als ihr
Vertreter, ja, beinahe als ihr harter Verteidiger, kann Ungaretti mit Fug und
Recht zum offiziellen Dichter (*absit iniuria verbis*) unserer Zeit ernannt werden, und zwar sogar in der Tradition Carduccis.

Dies gilt, wenn man Ungaretti ganz mechanisch und äußerlich einordnen
will: In einer vom Zentrum zur Peripherie hin abnehmenden Rangfolge kämen
wir dann, von ihm, der die genaue Mitte bildet, ausgehend, zu den besonders
klangvollen Hermetikern (wie Betocchi oder Gatto)[7], zu dem so ähnlichen und
doch auch wieder so verschiedenen Montale, zum gesprächigeren, also »expli-
ziteren« Cardarelli[8], zum fast geschwätzigen Saba und so weiter, über die *pasti-
cheurs* des »Macaronico«[9] (vom Typ Jahier[10] oder Gadda), die Crepuscolari[11],
die Pascolianer, bis hin zu den Dialektdichtern, oder auch von der Achse Rom-
Florenz bis zu den sprachlichen Peripherien der Voralpen und Süditaliens...
Kaum haben wir jedoch eine solche schematische und etwas absonderliche
Geographie aufgestellt, setzt sofort ein quälendes Zögern ein, und wir beginnen
uns zu fragen, ob die Existenz einer »zentralen« Dichtung überhaupt angenom-
men werden darf, ob eine Dichtung, die nicht schlagartig im Apriorismus der
Tradition zunichte wird, überhaupt möglich ist. (Und Ungaretti war auf eine
ihm eigene, äußerst nervöse Weise traditionell, auch in der *Heiterkeit*, die
wegen ihrer technischen Neuerungen großen Skandal hervorrief: denn er hat ja
nichts anderes getan, als, wie häufig genug wiederholt worden ist, unsere höchste sprachliche Tradition wieder in ihren jungfräulichen Status zurückzuführ-
ren.) Nein: ganz offensichtlich ist Ungaretti nicht in diesem Zentrum *geboren*
und vielleicht ist er nicht einmal dorthin *zurückgekehrt* (im Sinne einer dieser
melancholischen Rückwendungen zur alten Ordnung, die man in den letzten
und allerletzten Jahren beobachten konnte): Das Zentrum ist seine Wahlhei-
mat, das Ziel seiner gewaltigen ästhetischen Kraft. Wir möchten den Leser
auch auf seine Biographie verweisen (in die Ungaretti im *Monologhetto* ver-
schwenderisch viele und herrliche Einblicke gibt). Es ist kein Zufall, daß sie fast
zu einem Symbol seiner inneren Biographie wird: die »gewalttätige« (wir bestehen auf diesem Adjektiv) Suche nach einem verlorenen Vaterland, nach einer
verlorenen Sprache. Daß Vaterland und Sprache dann (und in welcher Fülle!)
wiedergefunden werden, beweist nur, wie wahrhaftig, das heißt, verzweifelt
und ungewiß seine Suche war. Bei Ungaretti finden wir darum in natürlicher Weise ausgedrückt, was eine der möglichen Definitionen des italienischen
Hermetismus sein könnte: eine petrarkesk-leopardische Patina auf einer

Giuseppe Ungaretti, PPP und Carlo Emilio Gadda ▷

PPP und Ungaretti, 1962

zutiefst expressionistischen Sprache (mit barocken und romantischen Ein-
schlägen).

Und jetzt sehe man sich auch die religiöse Position Ungarettis an: Der
Weg, den er zurückgelegt hat, um beim »Credo« des *Schmerzes* anzukommen,
führt geradewegs von der sinnlich wahrnehmbaren Gegenwart in eine Zukunft,
deren Wesen äußerste Reinheit ist. Aber dann zeigt eine tiefergehende Untersuchung, daß Ungaretti zwar bei seiner ursprünglichen Suche nach Gott als
dem Wesentlichen streng innerhalb des katholischen Glaubensbekenntnisses
bleibt, daß man aber in der religiösen Praxis, die aus diesem Bekenntnis hervorgeht, deutliche Spuren einer »jansenistischen« Passivität, Züge einer unleugba-
ren, vitalen Häresie entdecken kann. Eine schlüssigere Analogie dürfte es also
wohl nicht geben: Wenn man sprachliche Tradition und religiöses Bekenntnis
unter dem Schlüsselbegriff der Autorität einerseits und sprachliche Revolution
wie Häresie unter dem Schlüsselbegriff individueller und gewalttätiger Freiheit
andererseits zusammenfaßt, wird es leicht, ein komplexes und vielsagendes
Bild Ungarettis zu entwerfen. Selbstverständlich kann dieser Dualismus unter
psychologischem Vorzeichen noch besser erklärt werden. Unterhalb der gleichbleibend strengen, anspruchsvollen sprachlich-religiösen Suche (wahrscheinlich hegt kaum ein anderer Dichter ein so eingefleischtes Vertrauen in die

PPP und Ungaretti, 1965

Dichtung und in die Literatur wie Ungaretti) fließt der Strom seiner überschäu-
menden, äußerst lebhaften Sinnlichkeit: Ihr sind die köstlichsten Syntagmen
der *Heiterkeit* – die üppigsten Satzgefüge des *Zeitgefühls*, die schwierigsten
Versmaße des *Schmerzes* zu verdanken. Übrigens finden wir eine zwar über-
frachtete, aber sehr hellsichtige (es ist bei Ungaretti keineswegs selten, daß die
Attribute so aufschlußreich kontrastieren) Definition dieser psychologischen
Mischung im – allerdings nicht außergewöhnlich schönen – Gedicht »Gridasti:
soffoco . . .«:

> Immer war ich schüchtern gewesen,
> rebellisch, unruhig; aber rein, frei
> glücklich wurde ich in deinem Blick wiedergeboren . . .

Unter die Triade: »schüchtern, rebellisch, unruhig« könnten wir nämlich den
ganzen Teil seiner Arbeit stellen, der von den Gedichten, die wegen ihrer
Auswüchse aus den ersten veröffentlichten Texten gestrichen wurden (in der
»Voce«[12] und dann in den *Poesie rifiutate* aber wieder auftauchten), über die
formalistisch-sinnlichen Abteilungen der Ungaretti-Bände, bis fast zum
gesamten *Un grido e paesaggi* reicht. Unter die Triade »rein, frei, glücklich«

dagegen würde sich die ganze, nicht sehr umfangreiche, aber großartige Samm-
lung seiner religiösen Dichtung bringen lassen, vom »Chiuso tra cose mortali«
und dem »Di quel giovane giorno...« der *Heiterkeit*, über die »Madre«, den
»Kain« und die »Barmherzigkeit« des *Zeitgefühls*, bis zum »Credo« des
Schmerzes. Gerade die Gewalt seiner Empfindungen – die Sinnlichkeit eines
Mannes von robuster sexueller Gesundheit – hat Ungaretti allen gefährlichen
Fallen entgehen lassen. In das Herz des von der hermetischen Versteinerung
bedrohten Novecento läßt diese Sinnlichkeit jenes humane Ungestüm, jene
Verzweiflung, jene naive und noble Fähigkeit, sich einzusetzen und sich zu
verschwenden, die zu »Voce« gehörte, münden. Es war die schönste Periode
unserer literarischen Gegenwart – mit dem Tod eines Campana[13] und eines
Boine[14], mit dem Schweigen Sbarbaros[15], Reboras[16] und Jahiers schien sie abge-
schlossen. Es ist kein Zufall, daß einem bei der Lektüre dieser letzten Verse
(und der Prosa) Ungarettis häufig Campana in den Sinn kommt: lieber Campana
als Rimbaud. Wir können nicht einmal umhin, im Hinblick auf den »Voceanismus« Ungarettis einen so ungewöhnlichen Begriff wie »Fauvismus« zu gebrau-
chen: Fauvismus, wenigstens als Ton, als musikalischer Schlüssel, ähnlich wie
man bei Leopardi von »Unschuld« oder »Betrübnis« sprechen könnte (und man
begreift, daß das *Wilde* bei Ungaretti – ganz italienisch, ganz klassisch – der infantile Mensch ist, den Vico beschreibt...).

In seinen sprachlichen Einfällen, in seiner *Einfalt* gibt es jedoch nichts
Analytisches, nichts Kindliches (in dem Sinn, den das Wort etwa für Proust –
oder für Pascoli – besitzt), sondern Freude und eine Befähigung zur Synthese,
die wir dionysisch nennen möchten; seine Metrik ist tatsächlich auf ideale
Weise zahlenmäßige, quantitative Metrik, keine Metrik der Betonung; es fehlt
hier völlig jener »romanische«, »romantische« Faktor des Reimes, und trotzdem ist die Art und Weise, wie Ungaretti das Wort angreift, mit all ihren
romantischen Komponenten (vom Symbolismus bis zu den *gridi* des *Schmerzes*) Frucht einer tiefen, sinnlichen Lust. Auch Anekdoten haben ihr Gewicht,
wir erinnern darum daran, wie hartnäckig er, es ganz für sich selbst auskostend,
fröhlich das Wort »fibrillazione« (Kammerflimmern) wiederholte (er saß zusam-
mengekauert auf dem Sofa im Salon oberhalb von San Saba mit seinem verwirrten Blick), mit dem wir ihm eine seltsame Unregelmäßigkeit des Herzens, an
der Sandro Penna litt, erklärt hatten: Beim Aussprechen ließ er das Aufeinan-
dertreffen von Labiallaut und Liquida komisch hervortreten, spreizte das dop-
pelte »l« wie einen Fächer... Man sehe sich wirklich nur einmal die auffällig-
sten sprachlichen Merkmale dieses Buches an: von der meisterhaft elliptischen
Technik des »Monologhetto«, ein einziges metrisches Blitzen, verächtlich bis
zum Delirium, übervoll von Bildern, die mit ihrer abnormen Hellsichtigkeit
weit über den Kontext hinausschießen – bis zum »cursus« der Prosa, die ganz
aus Entgegensetzungen besteht (die erwähnte sprachliche Obsession Campa-

nas). Da erstarrt die Handlung natürlich zur Unbeweglichkeit, und alles wird »Substanz«. Nachdem sich das, sagen wir, literarische Engagement des *Zeitgefühls*, und das, sagen wir, gnomisch-sentenziöse des *Schmerzes* erschöpft haben, kehren wir mit diesen letzten Dingen zur reinen »Fröhlichkeit« zurück: mit dem ganzen neuen, hochkomplexen, technischen Apparat, versteht sich. Und wenn der Leopardi'sche »Schimmer von Fröhlichkeit«, den Contini anführt, um die Bedeutung der Fröhlichkeit Ungarettis – als natürliche Trostquelle, als sinnlichen Sprachrausch – zu erklären, hier zu einem intensiven, gestreuten Licht geworden ist, dann bedeutet das nicht, daß das Verfahren des alten Ungaretti nicht viele Analogien zur Arbeit des Ungaretti »in seinen Dreißigern« haben kann: nämlich eine grundsätzliche Begabung zur Freiheit, zur wunderbaren Selbstverständlichkeit dichterischer Inspiration – widergespiegelt von einer Sprache, die keinen Widerstand mehr zu leisten scheint, die durch und durch »fröhlich« ist. *»Il Giovedì, Rom, 5. Februar 1953*

1 ▷ Pier Paolo Pasolini, *Poesia dialettale del Novecento*, Guanda, Parma 1952, S. CXVI. (danach in *Passione e ideologia*, Garzanti, Mailand 1960; Einaudi, Turin 1985).

2 ▷ Giuseppe Ungaretti, *Un grido e paesaggi*, Schwarz, Mailand 1952 (danach in: Vita d'un uomo, cit).

3 ▷ *»La Ronda«*: 1919 in Rom von ehemaligen Mitarbeitern der Zeitschriften »La Voce« und »Lacerba« gegründet. Erschien unter der Leitung von Vincenzo Cardarelli monatlich bis zum Dezember 1923. Mit ihrer programmatischen Rückkehr zu den Klassikern (Leopardi, Manzoni, den Romanciers des Cinquecento) und ihrem Stilideal der »Kunstprosa« bezog »La Ronda« eine kritische Gegenposition zur Literatur der Dekadenz unter dem Zeichen D'Annunzios und zum Futurismus Marinettis.

4 ▷ *»Solaria«*: Die »Zeitschrift für Kunst und Literatur« war das Zentrum der kulturellen Aktivitäten der antifaschistischen Literaten. 1926 in Florenz von Alberto Carocci, einem Anwalt, gegründet, versammelte sie die renommiertesten Vertreter der jungen italienischen Literatur: u. a. Montale, Saba, Solmi, Gadda und Moravia. Zu ihrem Programm gehörte die Öffnung der italienischen Kultur für die europäische Tradition. Im Gegensatz zur Kunstprosa bevorzugten ihre Mitarbeiter den Roman als Instrument einer Auseinandersetzung mit der gesellschaftlichen Wirklichkeit. Nach Problemen mit der Zensur mußte die Zeitschrift 1936 ihr Erscheinen einstellen.

5 ▷ *»Letteratura«*: Florentiner Literaturzeitschrift

6 ▷ *Carlo Betocchi*: (geb. 1899 in Turin). Lyriker im Umkreis des literarischen Zentrums Florenz. Gründete 1928 die katholische Zeitschrift »Il Frontespizio«.

7 ▷ *Alfonso Gatto*: (geb. 1909 in Salerno). Lyriker. Direktor der Florentiner Literaturzeitschrift »Campo di Marte«. Seine Dichtung ist dem Hermetismus verpflichtet, drückt aber auch Themen der Resistenza und des politischen Engagements aus.

8 ▷ *Vincenzo Cardarelli*: (1887-1959). Schrieb Gedichte und Erzählungen im Stil der »Kunstprosa«. Direktor der Zeitschrift »La Ronda«.

9 ▷   *Macaronico:* (von: »maccarone«; etwa: »grobe Speise«). Ursprünglich eine parodistische Verzerrung des Lateinischen, bei der die klassische Syntax und Metrik beibehalten wird, Wortschatz und Inhalte aber der Alltagssprache, grotesk-volkstümlichem Humor und besonders dem Dialekt entnommen sind. Vorläufer waren die »Carmina Burana« und Studentenverse im Padua des 16. Jahrhunderts. Mit Teofilo Folengos (1491-1544) »Opus maccaronicum« wurde das M. zum ausgefeilten Stilmittel der Gesellschaftssatire. Pasolini benutzt das Wort in erweiterter Bedeutung für einen experimentellen Sprachgebrauch, der verschiedene Sprachen, Dialekte, volkstümliche Redeweisen usw. mischt.

10 ▷   *Piero Jahier:* (1884-1966). Schriftsteller. Studierte Theologie. Mitarbeit bei »Voce« und »Lacerba«. Die Sprache seiner Romane poetisiert regionale Dialekte.

11 ▷   *Crepuscolari:* Gruppe italienischer Dichter der ersten Jahre des zwanzigsten Jahrhunderts (u. a. Gozzano, Moretti, Martini). 1910 tauchte der Begriff zum ersten Mal auf, ein Neologismus nach »crepuscolo«: »Dämmerung«, »Untergang«. Die Crepuscolari bildeten jedoch keine Schule oder Bewegung. Gemeinsam war ihnen eine dezidierte Gegenposition zu D'Annunzio, Pascoli und der formstrengen Lyrik des ausgehenden neunzehnten Jahrhunderts. Stilistisch bildet ihre beginnende Auflösung des metrischen Kanons einen Übergang zu den freieren Formen der Dichtung Ungarettis und Marinettis. Inhaltlich kennzeichnet die Crepuscolari Mißtrauen und Abneigung gegenüber jedem philosophischen, politischen, religiösen oder wissenschaftlichen Ideal, sowie die Abneigung gegen die Technik.

12 ▷   *»La Voce«:* 1908 in Florenz von Giuseppe Prezzolini gegründete Zeitschrift für Literatur. In ihren Grundzügen antipositivistisch und der idealistischen Philosophie Croces und Gentiles verpflichtet, war die Zeitschrift, an der die wichtigsten Literaten der Jahrhundertwende, wie Cecchi, Papini, Salvemini und Amendola, aber auch die Philosophen Croce und Gentile selbst mitarbeiteten, immer von tiefen, ideologischen Auseinandersetzungen gekennzeichnet. Bis zu einem Wechsel der Direktion (1912-1914) leitete der Schriftsteller Giovanni Papini die Redaktion) hatte »La Voce« außer literarischen auch politisch-soziale Interessen, ja erklärt didaktische Absichten. 1914 kehrte Prezzolini als Direktor zurück und verwandelte »La Voce« in eine »Zeitschrift des militanten Idealismus« ganz auf der Linie Croces. Antiliberale und nationalistische Töne gewannen die Oberhand. Der Kritiker Giuseppe De Robertis führte die Zeitschrift als »Voce letteraria« weiter, die sich dann fast ausschließlich literarischen Themen und der Literaturkritik widmete.

13 ▷   *Dino Campana:* (1885-1932). Lyriker. Von den Crepuscolari und dem Futurismus, aber auch von Nietzsche-Lektüre und der französischen Dichtung geprägt, ist seine Lyrik symbolistisch-experimentell und sehr musikhaft, sie steht für den Beginn des italienischen Hermetismus und die Erfahrungen der »Ronda«.

14 ▷   *Giovanni Boine:* (1887-1917). Schriftsteller und Literaturkritiker, Mitarbeiter von »Voce«.

15 ▷   *Camillo Sbarbaro:* (1888-1967). Lyriker und Erzähler, Mitarbeiter von »Voce«. Stark von der französischen Lyrik der Dekadenz beeinflußt; hatte Einfluß auf seinen Freund Montale.

16 ▷   *Clemente Rebora:* (1885-1957). Lyriker. Mitarbeiter von »Voce«. 1936 ließ er sich zum Priester weihen. Seine Dichtung ist ein moralphilosophisches Forschen nach Wahrheit.

ENTSCHIEDENER ANTIKONFORMISMUS

ERZÄHLUNGEN GIORGIO BASSANIS

Auch wenn sie in gewisser Hinsicht einen Gegensatz bilden, herrscht doch eine sehr enge Beziehung zwischen dem lyrischen Bassani des *Un'altra libertà* und dem Erzähler *Des Spaziergangs vor dem Abendessen*: Der Unterschied der Technik beschränkt sich fast nur auf die verschiedenen stilistischen Verfahren der beiden »Genres«. Beide, Lyrikband und Erzählsammlung, haben einen geheimen Glanz im Inneren der Sprache gemein – Armut und Keuschheit, Sinnlichkeit und geistige Klarheit in einem. Aber eine genaue, gründliche Stilanalyse würde über die Grenzen der einfachen Besprechung hinausführen: Und andererseits ist es in diesem Moment wichtiger, in Umrissen ein Bild jener identischen moralischen Figur zu zeichnen, die in beiden Fällen Ursache der fast gleichen sprachlichen Effekte ist. Schon bei einem einfachen Zitat kann ja niemandem die wesentliche Übereinstimmung des Tones entgehen, die zwischen dem Beginn des Lyrikbandes:

> ... bis du vor einer reinen
> Luft, im Hintergrund der Ebene,
> auftauchst, fremde Stadt,
> wie ein großes, rosafarbenes Gespenst usw.

(ein Rom wie Musik, einem autobiographischen Roman entsprungen und poetisiert, aber doch nicht so weit, daß es nur zu einer ästhetischen Figur würde) und dem Beginn des *Spaziergangs* besteht. Hier ein ebenso musikhaftes Ferrara, gewiß intellektualisiert, doch durch einen poetischen Prozeß, der ganz unbegründet erscheinen mag, ganz beziehungslos, weil von der eigenen Finesse, von seiner schneeweißen Reinheit und gleichzeitigen literarisch-sinnlichen Vergoldung erschöpft. Beide Phänomene verdanken sich derselben psychologischen »Komplikation«: Zum Teil gewollt (aber über das Erlaubte und den guten Geschmack hinausgehend), bedeutet diese Komplikation, in einem sehr geschickten Spiel bewußter Entäußerungen, plötzlicher Sperren und übertriebener Fertigkeiten, ja, literarischer Ticks, im Grunde eine Verteidigung, eine Art Scham. In dieser so durchsichtigen und sprungbereiten Intelligenz

haben sich, maskiert, Unreife und Wehrlosigkeit, gleichzeitig aber auch ein
etwas diabolisches, gerissenes Verhalten niedergeschlagen, und sie holen der
Rationalität das wieder ein, was im irrationalen Ungestüm manchmal untergeht.
Wir erwähnen das, weil das Interessanteste an Bassani die Hellsichtigkeit ist,
mit der er die Welt genauso beschreibt, wie er sie innerlich beurteilt: in einer
vollkommen säkularisierten, einer rationalen Weise eben, aber aufbauend auf
eine ursprüngliche und unerschöpfliche Kraft des Gefühls, auf Impulse, emo-
tionale Reaktionen – auch weniger freundliche, nicht immer dostojewskisch-
milde Reaktionen –, die dann genau das sind, was der Dichtung Substanz
verleiht. Andererseits bilden sie einen »moralischen Zwitter«, denn die nicht-
transzendente Moral Bassanis (die religiöse, transzendente »Freiheit« ist bei
ihm, wie aus dem Lyrikband hervorgeht, nur Anlaß schmerzlicher Erinnerungen) fordert eben auch die unbedingte kritische Rationalisierung der Welt. Ein
moralischer, darum auch ein sprachlicher Zwitter. Daher das mitunter etwas
wirre »Herumgeistern« von »Poetizität« zwischen den Zeilen, die doch einem
ganz bestimmten intellektuellen Vorhaben zuliebe geschrieben wurden, daher
der leichte Geschmack nach Drogen, der in allen drei Erzählungen umgeht:
literarische Drogen, mit denen Bassani sich ein wenig berauschen muß, um die
sprachlichen Hemmungen zu überwinden, die ihn bedrängen, um mit der
Entscheidung für laizistische, intellektualistische Freiheit seine instinktiven
und nur der Einbildungskraft verpflichteten Antriebe zu unterdrücken. Daher
schließlich auch die »Parenthesen«: mit ihrer inmitten all der Raffinesse etwas
beschränkten Hartnäckigkeit. In seiner Rubrik in »Tempo« hat De Robertis in
bezug auf diese Parenthesen von wiedergewonnener, expressiver Freiheit gesprochen. Im Vergleich mit jener Verhärtung, die einen Text ohne Einfügun-
gen kennzeichne, wirkten sie intuitiv und unmittelbar poetisch. Uns scheint
aber, daß dies – obwohl es sicher zutreffend ist – bedeutet, Bassani gerade dort
weniger hoch zu schätzen, wo er wahrhaftiger ist, weil bewußter, weil programmatischer, weil stärker im Konflikt mit sich und seinen Fähigkeiten. Und im
Zusammenhang mit diesem Verhalten Bassanis müssen wir, unabhängig von
der feinen und übrigens eleganten Zwittermoral, an der er leidet, noch einmal
auf den Gedichtband zurückgehen: Er ist – hier ziemlich grob zusammengefaßt
– als der ein wenig strenge Gesang eines übermäßig intellektualisierten, altklu-
gen Sohnes zu interpretieren, der (wie Gadda sagen würde) seinem unerschüt-
terlich und heilsam am Glauben festhaltenden Vater nachtrauert. Gleichzeitig
ist er das dumpfe Brüten über die nunmehr verlorene Möglichkeit einer Krise,
in der er jene Fähigkeit des Vaters, »überzeugtes Opfer/einer anderen Freiheit«
(der transzendenten Freiheit) zu sein, wiedererlangt hätte. Wie wir in einer
anderen Besprechung des Buches in dieser Zeitschrift sagten: »Ein wirkliches

Mit Giorgio Bassani
im Val Gardena, 1955 ▷

Drama ist jetzt nicht mehr möglich, jetzt, hier, nachdem eine Erfahrung zu Ende ging: die Erfahrung der frühen Jugend, und hier, in diesem Italien, das wir kennen, in dieser moralischen und religiösen Welt, die wir kennen...« Genau darin besteht der Sprung zwischen *Un'altra libertà* und dem *Spaziergang*, zwischem dem Lyriker Bassani und dem Erzähler Bassani: im mittlerweile bewußten Verzicht auf das Drama, im bewußten Verzicht auf die Sehnsucht nach einer heftigen und festumrissenen Innenwelt, und in der Beschränkung auf die Passion der Erkenntnis, auf das neugierige Interesse an der Außenwelt, der Umwelt, der Geschichte... Mit dem *Spaziergang* sind wir genau in jenem »Italien, das wir kennen, in dieser moralischen und religiösen Welt, die wir kennen«: Die Flucht aus dieser realen und, im vorliegenden Fall, italienischen Welt beschränkt sich auf ein paar poetische Einschübe von großer Farbigkeit und Deskriptivität. Es ist sicher keine Flucht in die Transzendenz mehr, wenn sie sich mit der ohnmächtigen Klage um den Verlust der Transzendenz zufriedengibt.

Wie soll diese Betrachtung der Welt nun definiert werden – einer Welt, in der Bassani mitten im aktuellen Tagesgeschehen und mit seiner ganzen aufklärerischen, geschichtsbewußten Leidenschaft lebt? Einige Komponenten der Arbeitsweise Bassanis können relativ leicht aufgezeigt werden – womit wir aber immer noch nicht bei einer richtigen Literaturkritik sind, denn diese ist zuallererst Stilanalyse und *dann* alles andere. Zunächst einmal gibt es eine fortwährende Übertragung von Daten, und dies gibt der Literatur einen poetischen Ton zurück (anläßlich der Einschübe, mit deren Hilfe dieser Übertrag reicher und weniger absichtlich, ungesteuerter wird, haben wir darauf schon hingewiesen): Ein solches Verfahren gehört zur literarischen Bildung Bassanis, über der, direkt oder indirekt, das Vorbild Proust erstrahlt. Weiter gibt es bei Bassani ein Bedürfnis, – das so ursprünglich und allgegenwärtig ist, daß es mit dem technischen Prozeß selbst zusammenzufallen scheint –, seine narrative Prosa mit Gefühlen anzureichern, die erklärtermaßen nur Vorwand sind. Diese anfangs sehr aufrichtigen, ja, sogar gewaltsamen Gefühle schwächen sich unterwegs von Mal zu Mal zunehmend ab, bis sie literarisch ganz kraftlos werden. Dies gilt sowohl für die vorgetäuschte und außerdem selbstgewählte Liebe zur Vaterstadt, als auch für den typischen Groll auf dieselbe und für einen unversöhnlichen Antifaschismus (womit er, sagen wir's ruhig, recht hat). Die dritte Komponente ist ein hochmoderner Regionalismus (ein bürgerlicher, kein volkstümlicher Regionalismus: die Leute aus dem Volk treten als »sympathische Typen« oder als tiefbetrübte weibliche Gestalten auf), über den unendlich viele Überlegungen anzustellen wären und dem man die verschiedensten Verwandtschaften nachsagen könnte. Er erweist sich jedoch gleich auf den ersten Blick als ein »aristokratischer« Regionalismus auf der Linie Manzonis, nicht Vergas; und hier müßte man nun die Namen nennen, die uns schon eine Zeitlang auf der

Zunge liegen, nämlich die angelsächsischen Erzähler von Hawthorne über
Melville bis Greene (an diesem Punkt schließen die Bemerkungen über den
Regionalismus Bassanis wieder an seinen gewiß nicht nur latenten Moralis-
mus an).

All diese Aspekte der erzählerischen Arbeitsweise Bassanis tauchen nun in
der natürlichen Synthese wieder auf, die sich ergeben würde, wenn man ihn
innerhalb einer literaturgeschichtlichen Fragestellung diskutieren wollte:
Wenn man nämlich fragen würde, welchen Platz Bassani im Kapitel der allerjüngsten Geschichte unserer Literatur (Abteilung: Belletristik) einnehmen
würde. Deutlich wird, wenn der Ausdruck erlaubt ist, daß es sich um eine
Stellung handelt, die aus zwei übereinanderliegenden Ebenen besteht. Die
erste ist, sagen wir, die Vorkriegs-Ebene der Prosa im Stil des autobiographischen Romans, eine Kunstprosa, die sich von der nur essayistischen à la Cecchi
oder der nur sinnlichen à la Comisso unterscheidet (Bassani hat sich gerade in
der Zeit entwickelt, in der Bilenchi[1] mit den anderen Toskanern, wie zum
Beispiel Cassola[2], hervortrat: in einer Zeit, in der mit Hilfe von Stilmitteln, wie
den aus der *allure* der Erinnerung gewonnenen, eine neue, junge Erzählkunst
in Italien entstand. Man darf zum Beispiel nicht vergessen, daß der erste Roman Pratolinis, *Via de' Magazzini*, auf diese Zeit zurückgeht). Die zweite, sagen
wir, Nachkriegs-Ebene, kennzeichnet ein echter Wille zum Roman, möglichst
mit dokumentarischem und historischem Hintergrund; kurz: der realistische
Roman, wenigstens in dem Sinn, daß nun genug Mut aufgebracht wurde, »aktuelle Themen« anzugehen, und den beschriebenen Fakten einen moralischen,
nicht mehr nur poetisch-nostalgischen Rahmen zu geben. Es liegt auf der
Hand, daß die Lektion des Neorealismus an Bassani nicht spurlos vorüberge-
gangen ist, aber man muß sehr vorsichtig sein, will man Bassani mit dieser
Bezeichnung in Verbindung bringen. Nicht nur, weil er selber mögliche Einflüsse aus Gründen des guten Geschmacks, der literarischen Vornehmheit ab-
streiten würde, nein, auch weil es keinen wirklichen Einfluß gab. Es gab so
etwas wie eine Koexistenz, und eine Wirkung auch des schwächeren Neorealismus auf Bassani. Aber sie schlug sich allenfalls als Gewöhnung an den stilistischen Mut nieder, den er brauchte, um bestimmte Themen anzugehen, die
sonst in ihrer vermeintlichen Poesielosigkeit unbrauchbar geblieben wären.
Aufschlußreich ist in diesem Zusammenhang das unsichere Zögern Bassanis
(und hier steckt der Kritiker seine Nase nicht nur in die handschriftlichen
Varianten, sondern auch in die Korrekturfahnen), ob er Ferrara einfach »Ferrara« oder lieber »F.« nennen soll: Von Ferrara ohne den *cursus proustianus*
der Erinnerung, aber mit Nachdruck und leidenschaftlicher Anteilnahme an
der Umwelt zu sprechen, im Wunsch, ein Ferrara entstehen zu lassen, das so
wirklich ist, wie es *nicht nur* für den jungen und für den jugendlichen Bassani
in diesen letzten Jahren wirklich gewesen ist – das gehört zur Nachkriegs-

Ebene. Es dann aber »F.« zu nennen, gehört zur Vorkriegs-Ebene, ist ein
Zurückfallen in frühere Sprachformen, in eine überwundene Poetik, die das
Werk Bassanis immer noch (allerdings sehr oft fruchtbar) gefährdet. Wie man
sieht, haben wir es hier mit einem spezifischen Fall aus einer Übergangszeit zu
tun, wo Zwitterformen und Überlagerungen von einer tatsächlichen Synthese
der verschiedenen, aufeinanderfolgenden Werte nicht immer leicht unterschieden werden können. Dies gilt zum Beispiel für die Umwelt als poetischem und
die Umwelt als realistischem Wert, für die Psychologie als Erzählrhythmus und
die Psychologie als Dokument einer Zeit und ihrer Sitten usw. Bei der von
Bassani gewählten Lösung (und oft ist es eine), die er für das Problembewußt-
sein und das Engagement der Nachkriegszeit in einer hohen, schwebenden
Poetizität findet und die selbst dort, wo sie von Interjektionen und umgangs-
sprachlichen Vokabeln zwischen Humor und Lokalkolorit unterbrochen wird,
doch niemals Verrat am ursprünglichen, »unbefleckten« Gehalt der Worte
üben darf, ist es nur natürlich, daß sich die Frage nach der »Realität« verfestigt
und kritisch heraushebt. Wenigstens ist sie das Ergebnis einer wiedergewonne-
nen Freiheit der Dinge, sich auszudrücken.

Natürlich sind die Geschichten Bassanis nicht allein als »Tatsachen« reale
Geschichten. Nein, sie bergen schon in ihrer moralischen Gestaltung, die eine
Umwelt von sehr glaubwürdiger Aktualität und großem Detailreichtum auf-
baut, eine Welt, die so »italienisch« ist, wie sie es heutzutage sein kann, die
Möglichkeit, real zu sein. Im allgemeinen sind es Geschichten – poetisch ver-
schlüsselte psychologische Geschichten, wir sagten es bereits – von einer »mangelnden Anpassungsfähigkeit«: Aber diese entspringt keiner psychologischen
Schwäche (dem »Minderwertigkeitskomplex« zum Beispiel, denn in dem Fall
hätte größere Gefahr bestanden, in die angedeutete Poetisierung abzurut-
schen), sondern einem Aufbegehren, das durch die Umstände, zum Beispiel die
Zugehörigkeit zur jüdischen Rasse während des Faschismus, pathologisch wird.
Trotz ihres empfindsamen Gefühlslebens und ihrer Sensibilität sind die Figu-
ren Bassanis keine »Lämmer unter Wölfen«; genauso wenig übrigens wie ihr
Autor (dahinter steckt eine normale Osmose), der – wir deuteten es an – seine
Mitbürger und, verallgemeinernd, seine Zeitgenossen sowie die Gesellschaft,
der er sich anpassen muß, im Grunde recht harten Urteilen unterwirft oder
Nachsicht nur gegenüber den »Leidenschaften« der anderen, bestimmt nicht
gegenüber ihren »Taten« üben kann. Ein typischer Held dieser gefahrlosen
Unangepaßtheit ist Geo Josz. Beim Lesen der ihm gewidmeten Erzählung fällt
jedoch auf, wie seine Psychologie, die ein ständiger, von einem, würden wir
sagen, kosmischen Trotz gespeister »Widerstand« gegen die Umwelt charakte-
risiert, zu Beginn noch »hyperrealistisch« ist, allmählich aber zum reinen
Rhythmus, zum erzählerischen Auslösemechanismus wird, also in eine poetische Ordnung übergeht. Die Realität Bassanis ist keine naturalistische Realität.

Mit Bassani bei der Synchronisation von ›La Rabbia‹

Oder: Seine Erkenntnis der Welt ist nicht naturalistisch. Aber welche Art von Erkenntnis ist möglich in den Jahren, in denen Bassani arbeitet? Für die, die nicht zur großen Gefolgschaft des Katholizismus oder des materialistischen Marxismus gehören, und das heißt, für den größten Teil der italienischen Schriftsteller? Hinter dem Neorealismus wird man zum Beispiel nur eine praktizistisch-unmittelbare Erkenntnisform finden, eine Erkenntnis, die sozialen oder dokumentarischen Zwecken dient, keine Vorstellung von der Realität, sondern lediglich einen Geschmack der Realität. Darum wäre es auch verkehrt, den Neorealismus wieder mit Verga verbinden zu wollen, denn Verga hat in einer Welt gelebt, für deren Erkenntnis eine einzige Philosophie ausreichend sorgte: Wenn überhaupt, steht Gadda Verga viel näher als die Realisten, und zwar aufgrund des (wie Contini sagen würde) »inneren Monologs« mit seinen beißenden Passagen unmittelbarster »Realität« und seinen herrlichen, sorgfältig ausgearbeiteten sprachlichen Mechanismen: Eine Komposition aus »materialistischem« Verismus (»wissenschaftliche« Sprachstudien, »wissenschaftliche« psychologische Studien) und Poetizität, deren Ausdrucksgewalt alle feste, sichere Erkenntnis umstößt. Gadda gehört zur literarischen Generation vor Bassani. Aber, wie man sieht, verändert sich das allgemeine, ja, das zentrale kritische Problem nicht sehr. Man könnte daraus schließen, daß die einzige Lösung für einen bürgerlichen Schriftsteller, der nicht mehr katholisch ist und kein Sozialist sein kann (aber wo sind die Schriftsteller, die wirklich, das heißt, in ihrer Sprache, entweder katholisch oder kommunistisch sind?), in einem entschiedenen Antikonformismus besteht, dessen Verzweiflung sich mit der tröstlichen poetischen Ausdrucksfähigkeit entschädigt. Oder (auch gleichzeitig) in einem Moralismus empirischen Zuschnitts. Das ist bei Bassani der Fall. Nur kommt bei ihm die heimliche Angst dazu, zu extremen Konsequenzen und zur Verantwortlichkeit zu gelangen, die Freiheit zu verlieren, auch »anders« sein zu können, als er ist, sich bloßzustellen und eine definitive Gestalt annehmen zu müssen, eine Gestalt, der die Gunst des Geheimnisses und der Exklusivität fehlt. Kurzum: Bassani hat den Ehrgeiz, das Leben der anderen vollständig zu durchleuchten, sich selber aber dabei ständig unbestimmbar zu erhalten. Während er (verzweifelt eine Jungfräulichkeit verteidigend, die er braucht, um sein Innenleben glaubwürdig zu machen) sein Verhältnis zur Welt also ständigem Wechsel unterwirft, verändert sich auch ständig das Verhältnis der Welt zu ihm: Die Wirklichkeit bekommt Risse, gerät in Bewegung, und die Einheit, zu der sie findet, ist eine Einheit des Stils (besonders auf den wunderschönen Seiten des *Spaziergangs*, dem besten der drei Ferrareser Romane). Sie erstarrt dann zu Daten, die letztlich »durch und für die Dichtung« in fruchtbarer Weise irrational bleiben.   *»Il Paragone«*, IV, *Florenz, August* 1953

1 ▷   *Romano Bilenchi:* Schriftsteller, von 1945 bis 1956 Direktor der Tageszeitung »Il nuovo corriere«.
        Seine Romane und Erzählungen ließen die Kunstprosa hinter sich und tendierten zum Neorealismus.
2 ▷   *Carlo Cassola:* Schriftsteller. Thema seiner zahlreichen Erzählungen und Romane sind die Landschaft und die Menschen der Toskana.

FRÖHLICHE JUGEND?

BAROLINI, SOAVI UND ANDERE

Schon im Titel: »Brief an die Freunde«, den das Vorwort zur ersten Auflage dieser *Gaia gioventù* (Fröhliche Jugend) von A. Barolini trägt (es wurde am 14. Juni 1938 in Vicenza geschrieben, den Band hat Neri Pozza jetzt wiederaufgelegt), hört man unmittelbar einen bestimmten »Ton« heraus. Beim ersten flüchtigen Eindruck könnte er allerdings auch zunächst der undifferenzierte »Ton« der Stilkonventionen jenes Jahres 1938 mit seinem Penna, Bertolucci oder seinem Sereni scheinen. Der Ton von Briefen oder Tischgesprächen, wie bei der Lektüre dieses außergewöhnlichen Bändchens deutlicher werden wird, das im Gegensatz zum damals vorherrschenden Geschmack auf der Linie der Crepuscolari-Prosa anzusiedeln ist, und sogar entfernte Prä-»Voce«-Verwandtschaften aufweist (Pascoli, Ferrari)[1]: Die Gefühle liegen offen zutage, aber sie sind von erlesener Empfindsamkeit. Und in diesen Gefühlsbezeugungen wird man sofort eine gewisse Rohheit, einen leichten Mangel an Erziehung des Herzens im Flaubert'schen Sinn, etwas Einfältiges, Gymnasiastenhaftes bemerken. Es muß sich jedoch um ein zauberhaftes Gymnasium handeln, wo leichte geschmackliche Ausrutscher in Richtung eines kaum angedeuteten Klassizismus sofort von einer eingegrenzten und soliden Bildung aufgefangen werden: eingegrenzt, weil sie sich auf einen guten Pascoli, auf Gozzano[2], auf das eine oder andere bewährte Exemplar des Voceanismus und eine Auswahl von Montale beschränkt. Rohheit und Unerzogenheit der Gefühle also, die jedoch durch eine schwer zu definierende Reife dieser Gefühle wettgemacht werden. Natürlich mag diese Weisheit, vorgeführt in der Ausgewogenheit der Sprache und der metrischen Regelmäßigkeit, zunächst nur vorgetäuscht erscheinen, das ist wahr. Aber daß sie der Sprache so stimmig vorausgeht, verdankt sich einem sinnlichen Glück, das sich schon im bloßen Diktat jener Weisheit konkretisiert.

Auch wenn sie damals wenig glaubhaft und später kaum brauchbar war, gibt es in der sehr schlichten Poetik des zwanzigjährigen Barolini doch einen hellen Vorschein von Wahrheit: »Ich glaube, dieselbe Vorsehung, die die Angelegenheiten der Menschen ordnend leitet, ist es auch, die mir Vertrauen in diese dichterischen Versuche einflößt, die ja Versuche der Ordnung sind«, und später: »Damit spreche ich weder von moralischer Poetik, noch von Spontaneität, bin ich doch viel zu sehr auf die Rechte und die Freiheit der Dichtung bedacht; ich meine vielmehr die Moralität, die notwendigerweise aus der rechten Kraft des Gewissens erwächst, und die Spontaneität, die sich erst durch die aufrichtige Prüfung der Meditation behauptet.«

In diesen Zitaten herrscht ein Übermaß an Wahrheit und Einfachheit, als ob sie nach einer *ars dictandi* geschrieben wären, der eine allgemein zugängliche und fruchtbare literarische Moral zugrunde liegt. Man hört die sympathische, leise Überheblichkeit der Jugend heraus, die kein besseres Ausdrucksmittel ihrer Anmaßung findet, als in Gestalt ehrfürchtiger Gesundheit und in den Formen einer keck heuchlerischen *captatio benevolentiae* daherzukommen. Diese, aus Bescheidenheit unterdrückte Verkündung von Kraft und Fröhlichkeit, diese Behauptung von Demut und gleichzeitig von Erkenntnisfülle, diese Vorführung eines Lebens, das arm an Taten, aber an Begabungen überreich ist, seien sie auch nur ländlich-provinziell und jugendlich – sie sind die Suche nach einer dichterischen Moral und bewirken darum einen Zustand poetischer Gnade. Sie wird dann vor allem die Form der Hingabe annehmen: Hingabe an die Freunde, die Familie – in konkreten und etwas unklaren Beispielen, die den Versen immer unter einem Vorwand entnommen werden – und eben auch an die Außenwelt *tout court*. Sicher könnten wir in solch »freundlichem« Verhalten (diese Gutherzigkeit hat aber überhaupt nichts mit der dekadenten Güte bestimmter Stellen bei Pascoli oder gewisser D'Annunzio-Perioden zu tun, sondern ist ganz allgemein die Freundlichkeit der Jungen aus gutbürgerlichem Milieu) leicht auch Komponenten ausfindig machen, die nicht auf solch anmaßende Weise rein sind (aber letztlich sind auch diese ebenso aufrichtig): vor allem eine »narzißtische« Komponente, die im Gewand leichter Selbstzufriedenheit, eines beständigen Interesses am eigenen Leben auftritt, und zwar wohlmöglich genau in dem Moment, in dem die Hinwendung zu den »anderen« gerade besonders deutlich ist; während sie sprachlich bohèmehafte und, ein wenig experimentell, expressionistisch-crepuscolare Elemente zusammenstellt. Aber genau dieser narzißtischen Sinnlichkeit ist eben das ganze euphorische, »heitere« (wir ersetzen »heiter« durch »fröhlich«, weil wir an das großartige Büchlein Ungarettis denken) Sprachmaterial dieser Sammlung zu verdanken. Eine ihrer Konsequenzen ist die Atmosphäre von Männerfreundschaft im Stil des jungen Comisso:[3] Die ganze »Kameradschaftlichkeit«, das Bedürfnis nach einem »Clan« mit den »gesunden«, jungen Freunden, die, weil Altersgenossen, am Ruhm der Jugendlichkeit und an der jugendlichen Dekadenz teilhaben, gehört wesentlich zu dieser Fröhlichkeit.

Angesichts eines solchen Gefühlsreichtums, so großer Frühreife, so viel privater Experimentierfreudigkeit ist es schwierig zu sagen, welches denn nun die eigentliche »Bildung« dieses Lyrikers war. Vielleicht gab es sie gar nicht als klar umrissene, organische Einheit. Wenn sie aber nur abgelauscht war, dann ist dies mit vollkommener, obgleich nur instinktiver Stimmigkeit geschehen. Für die Quellen gibt es unmißverständliche Angaben: »Das Echo eurer Lieder hat mich erreicht/und ich antworte von meinem Boden aus, der gesegnet/mit frischbewässerten Baumkronen und Wurzeln/erythräische Askaren, in Bataillonen zusammengerottet«, was den »exotischen« Crepuscolarismus anbetrifft (»Paolo e Virginia« usw., die wichtigste Entwicklung der lyrischen Sprache in der Folgezeit), und: »Mama seufzt oft, weil ich kein Doktor bin/sie möchte ohne Sorge um mich sterben usw.«, als Beispiel für den Crepuscolarismus in seiner bekannteren Bedeutung. Wenn es um den Voce-Einfluß (Soffici[4], Palazzeschi[5]) geht, hier bitte: »Wenn ich der Verwaltung vierzig Jahre gedient haben werde/werden sie mit einem Kreuz kommen, mich zum Ritter zu schlagen./An diesem Tag werde ich tiefbewegt sein wegen der hohen Auszeichnung,/ich werde den Freunden zulächeln: Goldzähne und Gebiß«, mit einer leichteren, zerstreuteren Ironie als derjenigen der Crepuscolaner, und mit weniger trüber Sehnsucht; sowie außerdem mit mehr belustigtem, antibürgerlichem, anarchistischem Akzent.

So fortfahrend, wird man dann zwangsläufig manch lexikalische und metrische Intonation im Stil Montales hören (zum Beispiel: »An einer Hauswand, steif, eine tote Katze/fixiert mit weitaufgerissenen gelblichen Augen...«, aber es liegt auf der Hand, daß die Montale'sche »Angst« hier unvermeidlich zu einem etwas melodramatischen, jugendlichen Pessimismus werden mußte: mit Pascolinischem Nachklang). Von der, chronologisch gesehen, zeitgenössischen Lyrik – dem Hermetismus – keine Spur, nimmt man gewisse Betocchi'sche Anleihen in den Titeln und in einigen Rhythmen aus. Aber es ist noch nicht Hermetismus, wenn von Betocchi lediglich eine gewisse Dreistigkeit und spachliche Mehrdeutigkeiten übernommen werden, die auf die Ballade, das »Lied«, zurückgehen.

Was aber am meisten zählt, obwohl es schwer nachzuweisen ist, da es sich wahrscheinlich um eine Sympathie ohne direkte gegenseitige Einflüsse handelt, ist das Verhältnis Barolinis zu seiner Generation. Lesen wir: »Hier wandelt sich der Sommer in die herbstliche Süße/ein Jahr rundet sich seit meiner ersten Ballade,/mein grünes Land in der träumenden Nacht/atmet schon den ersten Nordwind«: ist das nicht die *allure* Bertoluccis[6]? Und findet man nicht überall im Band Motive Serenis und Pennas?

Wir befinden uns also mitten im Zentrum einer stilistischen Entwicklung, in der das *Milieu* der lyrischen Sprache des italienischen Novecento in eine Krise geraten wird: und zwar ausgerechnet im Augenblick seines offenbar größten Triumphs, als sich das »Sentimento« Ungarettis und der katholische und Florentiner Hermetismus endgültig durchgesetzt haben. Diese Krise entstand an den Rändern und drang dann allmählich bis in jenes Zentrum vor. In der

Nachkriegszeit brach sie offen aus, unserer Ansicht nach jedoch ohne neue Ergebnisse und ohne bisher ein neues, sprachliches *Milieu* zu schaffen (das sich vom Zwitter Ungaretti-Religiösität, Montale-Realismus usw. unterscheidet). Aber diese Krise ist das Resultat einer Unruhe und eines Suchens, die zwar bei den Allerjüngsten schwer einzuschätzen sind, bei der Generation, der Barolini angehört, jedoch mittlerweile sehr deutlich und gut dokumentiert sind.

In propädeutischer Absicht könnte man sagen, daß die *Fröhliche Jugend* sich zu dem, nur potentiellen, neuen Geschmack verhält wie ein Vorkriegsfilm von Camerini zum Neorealismus. Es handelt sich hierbei um eine ganz und gar mechanische Parallele, aus der jedes Werturteil verbannt wurde. Liest man, um diese Generation zu verstehen, die Seiten von Anceschi (in der Einführung zur Anthologie *Lirica del Novecento* bei Vallecchi) oder auch die Ausführungen Spagnolettis zu demselben Thema, die in derselben Absicht geschrieben wurden, nämlich, eine Wiedergeburt zu demonstrieren (jetzt gesammelt in *Pretesti di vita letteraria*), kann man nicht umhin, Barolini als exemplarisch anzuerkennen. Vor allem wegen jener Spontaneität, die sich seiner poetischen Gnade verdankt, ist er ein perfektes Beispiel dieser erwähnten Erneuerung der Freude am Wort in einem der »Parola« des Novecento ganz entgegengesetzten Sinn.

Erstaunlich ist jedoch, wie diese zweite Generation gerade aus dem – geistig – besiegten Bürgertum und aus der faschistischen Ära hervorgeht, in der die erste Generation ihre bedeutendsten Werke hervorgebracht hatte. Sie waren aber inzwischen unbrauchbar geworden und taugten höchstens für eine unmittelbar von ihnen beeinflußte, stilistische Wirkungsgeschichte... Genau aus diesem Grund muß man bei Barolini eben von der Prä-Figuration einer neuen Sprache als (potentiellem) Realismus sprechen; von vorgetäuschtem Realismus eigentlich, vom Sinn für das Prosaische als extremer Konsequenz einer Liebe zum Poetischen. Dasselbe könnte man auch für die entwickelteren Autoren Sereni[7] oder Bertolucci sagen: Wie sehr im frühen ebenso wie im fortgeschrittenen Novecento, und auch heute noch, eine Erkenntnishaltung fehlt, die – angesichts des falschen Glanzes des Croce'schen Idealismus oder eines ästhetisierenden Katholizismus – einen realistischen Angriff auf die Wirklichkeit unternimmt. Das Verhalten gegenüber der Realität kann schließlich, ob vor zehn oder zwanzig Jahren oder heute (unabhängig vom marxistischen Materialismus – sofern es gestattet ist, ihn auszunehmen) nicht anders als empirisch sein. Und tatsächlich ist Barolinis Haltung einfach nur »Freude an der Wirklichkeit«, mit all den, wohlmöglich bezaubernden, Schwächen, die damit einhergehen. Aus diesen Gründen werden wir nicht versäumen, in die Abteilung »Zweite Generation« einer Anthologie des Novecento zum Beispiel »Ancora a Candide per la sua automobile«, »Soldati e prato« und andere Stücke aus diesem wiederentdeckten Buch des Rekruten Barolini aufzunehmen.

Die gesellschaftlichen Zustände, in denen ein junger Mensch aus dem Bürgertum von 1930 bis 1940 lebte, waren nicht zuletzt, äußerlich wenigstens, dazu angetan, einen gewissen Optimismus zu erzeugen: In politischen Dingen ahnungslos wie ein Kind, hatte ein junger Mann, der keiner traditionell antifaschistischen Familie angehörte, weder Vergleichsmöglichkeiten noch Maßstäbe für eine Kritik. Wenn er einen Impuls des Aufbegehrens oder gar der Rebellion verspürte, dann mochte der – schließen wir aus den Studien an Gymnasium und Universität – von einer »Sturm- und Drang-Komponente« oder dem Vorbild der anarchistischen Dekadenz des ausgehenden neunzehnten Jahrhunderts nach Art Rimbauds herrühren. Es handelte sich um einen völlig unhistorischen und rein psychologischen Aventinismus[8]. Andererseits bewirkte das väterliche Regime, das die militarisierten Heranwachsenden von vornherein von jeglichem gesellschaftlichen Interesse, von jeder Sorge um eine »Entscheidung« ablenkte, gerade dadurch, daß ihre Neugier auf die Welt, wenn sie »komplexbehaftete« Bürgerliche waren, unterschiedslos zur Sehnsucht nach Extroversion wurde; und was im Inneren Tragödien gewesen sein mögen, wurde nach außen hin jedenfalls zur Euphorie. In die innere Gefühlsdynamik, in die Leidenschaften, konnte dieser Totalitarismus nicht eindringen; eingreifen aber konnte er in die äußere Dynamik, in die Taten, und konnte sie nach seinem Willen zwingen. Ob unterdrückt oder nur vorgestellt, sie waren jedenfalls von jeder Verantwortlichkeit befreit, und wenn irgendwo Heiterkeit, oder besser, Fröhlichkeit gedeiht, dann in der Verantwortungslosigkeit.

Als Symbol einer zu purer Erzählkunst werdenden Extroversion, einer nicht freiwillig gewählten, aus jugendlicher Begeisterungsfähigkeit aber akzeptierten Aktion, konnte der Äthiopienkrieg dann sogar zum lyrischen Gegenstand werden: und das kann uns, wie bei Barolini der Fall, schließlich auch heute noch anrühren. Um das Thema aber etwas auszuweiten: Haben wir hier nicht Daten skizziert, die für die gesamte vorletzte Generation gelten? Die Generation der vor dem Krieg Zwanzigjährigen? Im Gegensatz zu der metaphysischen und formalen Angst ihrer Vorgänger zeichnen sie sich durch eine gewisse idyllische Zufriedenheit, durch eine fröhliche Veranlagung aus, die wieder Vergnügen an der Syntax und an einer bescheidenen, lexikalischen Analogizität findet, mit ausgeprägtem Sinn für die »Grenzen«. Man füge eine leise Ironie, sparsam dosierten Humor und eine erklärte Vorliebe für familiäre und städtische Themen hinzu, auf die sich eine neue Art von »Regionalismus« gründet, ein Regionalismus, der viel eher bewegend und erheiternd als veristisch ist. Das Ganze, nicht zu vergessen, als Tarnung einer Angst, die noch vom anarchistischen und crepuscolaren Typ ist, aber außerhalb jeden heilsamen Dogmas.

Die wirklich letzte Generation, die Generation der während des Krieges Zwanzigjährigen (die heute Zwanzigjährigen, die entweder geheimnisvoll oder, wenn nicht geheimnisvoll, dann unbeirrbar sind in ihrer verallgemeinernden, neorealistischen Polemik, lassen wir unbeachtet), ist an der Oberfläche sehr verschieden. An der Oberfläche, denn der soziale und gesellschaftliche Untergrund bleibt – trotz einiger kultureller Neu-Importe – derselbe. In seinen Auswirkungen auf die Sprache wird er, können wir sagen, expressionistisch. Die Dichter dieser Generation haben sich nämlich noch rechtzeitig in demselben Milieu wie ihre größeren Brüder bilden können: Aber jede Fröhlichkeit ist verschwunden. Geblieben ist, sehr dürr, die private Neurose, die Unruhe einer Bildung, die sich stilistischer Konventionen bedient, um diese Neurose auszudrücken. Nehmen wir zum Beispiel dieses Büchlein von Giorgio Soavi, *I genitori al teatro*, das die letzte Generation so repräsentieren könnte, wie uns *Fröhliche Jugend* dazu gedient hat, die vorletzte zu vertreten. Wieviele stilistische Eigenheiten haben diese beiden, persönlich übrigens so unterschiedlichen Dichter gemeinsam? Die expressive Gewalt einer bestimmten alten Voceianischen Streitlustigkeit; die Stilmittel aus dem »Montale-Umfeld«, die an den schärfsten Crepuscolarismus grenzen; der Sinn für realistische Einzelheiten des Vorkriegs-Pseudorealismus, usw. usw. Und auch einige Themen: Das Verhältnis zur Mutter und zum Vater, die Erzählungen über die jungen Freunde, die gefühlsmäßige Beziehung zwischen der Erinnerung an eine gerade zu Ende gegangene Kindheit und dem Dorf, das das gleiche geblieben ist. Themen, die auch, ja vor allem, im Hinblick auf das Bedürfnis, sie ein wenig skandalträchtig zu behandeln, verglichen werden können: und der »Skandal« ist in diesem Fall die Gefahr der Prosa. Prosaische Begriffe werden in expressionistischer Absicht gebraucht (man beachte zum Beispiel bei beiden Dichtern das Wort »Automobil«, das mit den bohèmehaften Unternehmungen der jungen Freunde zu tun hat) und, mit dem gleichen Zweck, ganze Abschnitte in belehrendem und fast essayistischem Rhythmus. Aber bei Soavi ist, um es noch einmal zu sagen, jede Bereitschaft zur »Heiterkeit« verschwunden: Und mit ihr auch die Lust am Versmaß, am entspannten Gespräch, an den »Posen« zwischen Unschuld und Dandytum; kurzum das ganze humanistische Vergnügen an einer Kommunikationsform zwischen Idylle und Epistel mit Hilfe der süßen Heucheleien eines Stils voller Gefühlsergüsse.

Bei Soavi herrscht nur die trockene, verbissene, quälende Sorge darum, ob es ihm gelingt, die Angst in ihren geringfügigsten, aber wesentlichsten Erscheinungsformen wiederzugeben. Implizit erkennt man die Düsternis des Krieges und der Nachkriegszeit mit ihren unauslöschlichen Spuren in der Psyche eines jungen Menschen, der aus seinem Proustischen, familiären Nest gerissen wurde und erst den Schrecken des Kriegsgemetzels, dann dem Leben ausgesetzt wurde, das – war die physische Sicherheit erst wiederhergestellt – nichts als Entscheidungen abverlangte, Verantwortung erzwang. Im Fall Soavis war die Reaktion darauf eine »Rückkehr«: wenigstens in gewisser Hinsicht, denn ein Kontakt mit der Außenwelt, der auch in seinen aktuellsten Daten ganz ausführlich beschrieben wird, wurde immer beibehalten. Man lese die erste Abteilung, die »Reisen«, wo Cap d'Antibes, Paris, Cannes, Piazza di Spagna, Venedig einen Geschmack haben, den vielleicht nur wir Zeitgenossen wahrnehmen können, den Geschmack neorealistischer Filme, ja, fast den bitteren Duft der Illustriertenfotos aus der mondänen Welt. Und dennoch sind diese Namen entstellt durch einen unaussprechlichen psychischen Zustand, der aus ihnen statt Orten der Liebe und der Erkenntnis geradezu Stationen der *Angst* und der Neurose macht, einer richtiggehend klinisch definierbaren Neurose. Man lese »Giugno«: »In dieser Schwüle/Foligno, ein Peitschenhieb,/ein schielender Hund,/ein Genueser Gestank/ein stumpfer, zweifarbiger Buntstift,/in diesem Schlafzimmer in Foligno, eine geladene Pistole/gerichtet auf das Grinsen eines Passanten...« Das ist eine Wortwahl aus dem Umfeld Montales, ja sicher, und expressionistisches Rüstzeug: aber wieviel Nachkriegs-Zeitgeschichte mit all den Verbrechen und Selbstmorden der Nachkriegsjugend steckt nicht hierdrin? Nicht umsonst ist das erste Gedicht der Sammlung Pampaloni und das letzte Pavese gewidmet, und zwischen diesen beiden umgrenzenden Widmungen steckt wirklich eine sehr eindringlich definierte Welt: die Welt jener Generation, die man gemeinhin die »verlorene Generation« nennt, und die jenseits aller Rhetorik eine der vielleicht weniger provinziellen, weil auf besonders tragische Weise erzwungenen Realitäten der jüngsten italienischen Kultur ist. Man könnte sagen, daß das Vorgehen Soavis darin besteht, in sich selbst das wahrhaftigste, physischste Moment seiner Bedrängnis zu suchen, um es dann so, mit seinen nacktesten und fast beschämenden Chiffren zu beschreiben. Zwischen seinen Zeilen spürt man einen mächtigen Strom an Gefühlen, aber er kümmert sich nicht um sie, fast als ob er sie in keiner Weise definieren wollte. Stilistisch mag das an einem – wahrscheinlich auf den frühen und wahreren Ungaretti zurückführbaren – Furor des »Wesentlichen« liegen, und psychologisch fast eine Form von Selbsterniedrigung, eine Art heftiger Scham sein. In diesen Gefühlen akzeptiert Soavi nur die Momente, in denen sie an einen extremen Punkt gelangen, der aber nicht Reife, sondern Unerträglichkeit bedeutet. Solche Momente, in denen die Wirklichkeit »am meisten schmerzt«, weil sie gegen die Organe einer unterdrückten Empfänglichkeit prallt: Momente also, in denen sie weniger realistisch ist, und das trotz gewisser Bekundungen eines realistischen (eines, wie man so sagt, engagierten) Stils, mit dem sie vorgeführt wird. Diese Realität ist aufgelöst in Objekte, die Schmerzen bereiten, und sie wird mit einer Sprache wiedergegeben, die in ihrer verzweifelten Reinheit und ihrem Verzicht auf Technik fast schon unangenehm ist: Ihre Verarmung trägt schwer an unterdrückter und erstarrter Lebenskraft.

Sucht man nach weiteren Beispielen für diese Generation, die weder vor noch nach dem Krieg anzusiedeln ist, wird man die gleiche manische Nacktheit

Soavis, allerdings unter anderen psychologischen Vorzeichen, leicht bei Enrico
Scialoja wiederfinden (*Lamento secondo*, Ubaldini 1953). Wie Soavi macht auch
er seine ärmliche Geschichte nicht an ihren positivsten, guten, menschlich
großzügigsten Gipfelpunkten fest, sondern an den negativsten Momenten, die
so etwas wie verkapselte, verhärtete Reaktionen sind. Das geschieht in einer
bereits von ihnen losgelösten und aus ihnen gemachten Sprache, denn diese
Reaktionen sind längst mehrmals erfahren worden und erscheinen daher nahezu chiffriert. Diese irrationalen, krankhaften Antriebe eines derart trockenen
Gefühlslebens bedurften dann, um in irgendeiner Weise ans Licht zu kommen,
der Hilfe der Intelligenz: Intelligenz nennen wir hier ein intellektualistisches
Verhalten. Und diese Form von Intelligenz benötigte ihrerseits eine möglichst
harte, anonyme und fast schon im voraus kodifizierte Sprache. Enrico Scialoja
bewegt sich im Zentrum des institutionalisierten, post-hermetischen Stils: Ihn
appliziert er seiner verdorrten und angstbesetzten Semantik, wie um sie zu
tarnen. Darum folgt dann auch nichts aus seinem Versprechen *in limine*, sich
dem Leser nackt zu zeigen, aber in einer fast abstoßenden und »der Scham
schutzlos ausgelieferten Nacktheit«. Seine Wahrhaftigkeit, seine Verzweiflung
und seine Schwäche verhärten sich in trockenen Versuchen stilistischer Ent-
zauberung: eine Art Sich-schadlos-halten, denn seine armselige Geschichte
armseliger täglicher Rückschläge wird hier zu einer idealen, nahezu exemplari-
schen Geschichte stilisiert.

Und hier nun die Stilmittel und metrischen Lösungen der strengsten
Abteilung der Hermetik. Ungaretti: »von dunkler Gesundheit beschützt«, ein
in Quasimodo gebleichter Ungaretti allerdings; bestimmte Passagen bei Montale, im Ton treffender Aussagen gehalten: »Wenn ich verzichte/kann das Warten heiter sein,/dein Name reicht nicht aus/den letzten Winter vor dem Brand
der Blätter zu retten«: das Ganze ist jedoch auf die bescheidensten, sprödesten
Rhythmus- und Sprachformen der Post-Ungarettianer und Post-Montaleaner
unter den Crepuscolari-Nachfolgern beschränkt (Sereni: »Weit außerhalb des
Scheins/des Marmortisches, um den wir versammelt/bist du die stille Nacht der
Laube/wenn nicht der Wirt den verschütteten Wein entzündet ...«). Oder die
»Metaphysiker«: Und hier müßte man, mit sehr viel eindringlicheren Zitaten
und Vergleichen, den Namen De Liberos[9] nennen: De Libero mit seinen so
wenig objektivierend aus »Objekten« gemachten, heimlichen Analogien, seiner
vorgetäuschten Hingabe an volkstümliche oder gefühlsmäßige Neigungen.
Denn in einigen Fällen lockert Scialoja seine Strenge, und dann ergießt sich –
wirklich wehrlos, ja, übertrieben ungeschickt und unerfahren – sein Gefühlsle-
ben in kurzen Ausrufen (»der Nordwind kommt wieder/jedes Jahr/kommt der
Sommer wieder«, »nur den Alten/oh mein Herz/kannst du Freund sein«), deren zugehörige Interpunktion sinnloserweise fehlt. Darum hat dieses Gefühls-
leben ohne jedes religiöse oder erkennende Licht tatsächlich keinen anderen

Ausweg als den Verzicht: etwas ästhetisierend, in der Schwebe zwischen Klage und Grausamkeit, so wie am Ende des *Lamento secondo*. Am besten aber sind die ganz knappen, bis zur Farblosigkeit und zur Qual zusammengezogenen Gedichte: diejenigen, die, an Scipio oder Fracassi erinnernd, einige Momente wahrhaften Leidens in vorsichtigster Hingabe an den Rhythmus – zwischen Liedchen und Grabinschrift – auflösen. *»Il Paragone«*, V, *Florenz, Februar 1954*

1 ▷   *Severino Ferrari:* (1856-1905). Lyriker und Philologe. Carducci-Schüler. Herausgeber der Werke Petrarcas und Tassos.

2 ▷   *Guido Gozzano:* (1883-1916). Lyriker. Wichtigster Vertreter der Crepuscolari. In seiner dichterischen Sprache ersetzt er den traditionellen lyrischen Kanon durch einen melancholisch-ironischen Gesprächston.

3 ▷   *Giovanni Comisso:* (1895-1969). Schriftsteller. Seine literarischen Anfänge liegen im Umkreis der Zeitschriften »Ronda« und »Solaria«. Essayist und Journalist, schrieb zahlreiche Erzählungen und Romane.

4 ▷   *Ardengo Soffici:* (1879-1965). Schriftsteller und Maler. Mitarbeit bei »Voce« und mit Papini Begründer der Zeitschrift »Lacerba«. Seine Gedichte bewegen sich im Stil zwischen den »Crepuscolari« und dem Futurismus, berühmt wurde er vor allem durch seine Romane.

5 ▷   *Aldo Palazzeschi:* (1885-1974). Lyriker und Erzähler. Mitarbeit an »Voce« und »Lacerba«. Seine frühe Lyrik enthält Elemente des Crepuscolarismus und des Futurismus: polemische, ironische Töne und die Vorliebe für alltägliche Themen. Seine Erzählungen und Romane wurden ausgezeichnet und zum Teil ins Deutsche übersetzt.

6 ▷   *Attilio Bertolucci:* (1911 in Parma geb.). Lyriker. Ursprünglich von den Crepuscolari und dem Hermetismus beeinflußt, wurde seine Dichtung immer experimenteller und sprengte den Formenkanon des Novecento.

7 ▷   *Vittorio Sereni:* (1913-1983). Lyriker. Mitarbeiter der Zeitschriften »Frontespizio« und »Campo di Marte«. Übersetzte u. a. Valéry und Green.

8 ▷   *Aventinismus:* Der Begriff kennzeichnet den bewußten Verzicht auf gesellschaftliches Engagement oder politische Aktion. 449 v. Chr. verließ die Partei der Plebejer den Senat und zog sich auf den Aventin, den »heiligen Berg« zurück, wo sie gegründet worden war. Ähnlich demonstrativ räumten die Sozialisten nach der Ermordung Matteottis durch die Faschisten 1924 das Parlament aus Protest und als Zeichen ihrer Ohnmacht.

9 ▷   *Libero De Libero:* Lyriker, Vertreter des Hermetismus.

ITALIENISCHE LITERATUR 1945-1955

Von der Literatur dieser zehn Jahre zu sprechen und dabei auf dem reinen Feld der Literatur zu bleiben, dürfte schwierig sein. Wichtigstes Kennzeichen dieser zehn Jahre ist nämlich, daß sie auf den Sturz des Faschismus und auf die Resistenza folgen: Und die Neuheit ihrer literarischen Erzeugnisse erklärt sich nur zum Teil mit einer literarischen »Parthenogenese«, dem Entstehen eines Stils aus einem anderen Stil, oder mit einer partiellen Reihe von Neuerungen, die der für die Zeit bis 1945 typische Geschmack mit sich brachte. Es stimmt, daß eine Lyrik wie zum Beispiel diejenige von Rocco Scotellaro[1] ohne die Gedichte von Sinisgalli[2] oder von De Libero nicht vorstellbar ist, ja, sie erweist sich sogar als deren epigonale Folge. Und das gleiche gilt für fast alle anderen jungen Dichter der letzten Generation. Aber gerade diese Verschiebung des Blickwinkels auf die Inhalte statt auf die apriorischen Formstudien, wie sie für das Novecento typisch waren, verleiht diesem Abschnitt der Geschichte der Lyrik, dessen Erzeugnisse so wenig charakteristisch und originell sind, eine eigene, ursprüngliche Tonart. Der Widerspruch steckt nicht in dem, was wir sagen, sondern in der Sache selbst. Und der Leser mag daraus mit Recht folgern, daß diese zehn Jahre, wenigstens im Bereich der Lyrik (wie bekannt, verlaufen die Entwicklungsgeschichten der Poesie und der Prosa in der italienischen Literatur diachron: Nur beim Novecento hat es eine erste Übereinstimmung der Entwicklungstendenzen gegeben) eine Zeit des Sich-Einrichtens und der Suche sind, in der die innovativen und die konservativen Elemente eng zusammenhängen: In jedem Frondeur steckt auch ein Epigone. Für Philologen oder für Linguisten also eine sehr interessante Situation. Aber auch für Historiker. Diese gleichzeitige stilistische Komplexität und Armut der neuen poetischen Werke kann ja nur der Spiegel einer entsprechenden Komplexität und gleichzeitigen Armut des Geisteslebens, der Kultur, sein. Und auch in dieser Behauptung wird der Leser etwas Widersprüchliches und Verworrenes wahrnehmen können: wenn er, wie wir, an den grundsätzlich positiven Charakter dieser zehn Jahre glaubt, die schließlich Ergebnis der Resistenza und der Errichtung einer demokratischen, bürgerlichen Regierung anstelle eines autoritären, barbarischen Regimes sind. Unser

Pessimismus hat aber tiefere und allgemeinere Gründe. Natürlich hat der Sturz
des Faschismus bewirkt, daß alles, was in der italienischen Kultur zwanzig
Jahre lang unausgesprochen und unterdrückt geblieben war, mit einem Mal ans
Licht brach und sich nun freien Lauf ließ: Wer erinnert sich nicht an jene
herrlichen Tage der Jahre '46 und '47, als *Rom, offene Stadt* und *Die Erde bebt,
Christus kam nur bis Eboli* und die Zeitschrift »Politecnico«[3] gerade eben
herausgekommen waren, Zeichen einer Erneuerung und einer Leidenschaft,
die auftraten, als gäbe es nur sie? Was durch den Sturz des Faschismus freie
Bahn erhielt, war aber leider nur das, was der Faschismus erfolgreich am
Weiterleben in der Nation hatte hindern können, und es war nicht viel. Mit
Sicherheit war es nicht das, was die Nation hätte produzieren können, wenn es
den Faschismus nie gegeben hätte: und die entkorkte Flasche leerte sich dann
auch augenblicklich. Dies auch, weil sich letztendlich, geht man bis vor das Jahr
1922 zurück, kaum etwas anderes als die Voraussetzungen für eine solch rück-
schrittliche Entwicklung finden läßt. Gramsci hatte recht, als er in einer seiner
Erläuterungen von *Letteratura e vita nazionale* schrieb: »Man kann wahrscheinlich sagen, daß das ganze intellektuelle Leben Italiens bis zum Jahre 1900
– genauer bis zum Entstehen der idealistischen Strömung Croce-Gentile – in
seinen demokratischen Tendenzen, das heißt, in seiner – nicht immer gelingen-
den – Absicht, mit den Volksmassen Kontakt aufzunehmen, einfach nur ein
Reflex auf Frankreich ist, der seinen Ursprung in der Französischen Revolution
von 1789 hat. Daß dieses intellektuelle Leben so künstlich ist, liegt daran, daß
in Italien nicht die historischen Voraussetzungen besaß, die eben in Frankreich
gegeben waren. In Italien gab es nichts Vergleichbares zur Revolution von 1789
und zu den Kämpfen, die folgten. Trotzdem sprach man in Italien so, als ob es
diese Voraussetzungen gegeben hätte...« Was die ersten beiden Jahrzehnte
des Novecento betrifft, so ist hinlänglich bekannt und lohnt eine wiederholte
Erwähnung nicht (dem Leser steht der jüngste, hervorragende Essay von Garin
zur Verfügung), daß die Zeitschrift »Voce« unter der Leitung Prezzolinis mit
ihrem Pragmatismus und ihrem Mystizismus bereits viele Vorbedingungen für
den ideologischen Irrationalismus des Faschismus enthielt. Auch sie ist ein
typisch provinzielles Phänomen: provinziell im Verhältnis zur literarischen Dekadenz der großen bürgerlichen Nationen Europas. Mit der zweiten »Voce«,
der »Voce« von De Robertis, erleben wir dann eine erste Beruhigung und
Klärung: eine erste Anpassung, sagen wir es lieber in soziologischen Begriffen,
an die politisch-gesellschaftlichen Probleme, eine Anpassung, die aus Verinner-
lichung, aus einer Flucht auf literarischer Ebene besteht. Damit wurden dann
innerhalb einer auf typische und sehr italienische (oder besser florentinische)
Weise rein italienischen Sprachentwicklung die ersten Grundsteine jener »Geschichte des Wortes« gelegt, wie ihre besonders interessierten und besonders
qualifizierten Kritiker sie genannt haben, die dann später die Bewegungen der

»Ronda« und des Hermetismus hervorbrachte. Ein Prozeß des Sich-Verschlie-
ßens, des passiven Widerstands: Randgebiet und sprachliche Insel und darum
vom eigenen Begriff her konservativ und geheimsprachlich im Verhältnis zum
offiziellen Geschmack des herrschenden Regimes. Nun ist es zwecklos, den
zentralen und wichtigsten Traditionsstrang des literarischen Novecento außerhalb dieser »Geschichte des Wortes«, dieser reinen Arbeit an der Sprache
suchen zu wollen. In ihrem Mittelpunkt liegt das poetische Werk Ungarettis
und das Prosawerk Cecchis[4] und Cardarellis. Zwar gibt es Außenseiter, aber sie
können keine wirkliche Gegenströmung bilden. Eingehüllt in das dicke, grobe
Isolierband des Faschismus, zählt bis '45 nur das reine Wort des technischen
Mystizismus der Hermetiker. Es stimmt, daß das frühe Novecento als *das*
Novecento *tout court* auftritt, die Epoche der reinen und analogen Dichtung,
der Kunstprosa und des Feuilletonessays. Aber natürlich fehlen auch die kritischen Stimmen von Professoren und erklärten Konservativen nicht. In einigen
Fällen hat Falqui die literarischen Avantgarden wahrscheinlich zu Recht verteidigt. Und doch zeichnet sich in dieser übrigens einleuchtenden Kristallisation
des Geschmacks von Anfang an fast mit Gewalt die Komponente ab, die nach
'45 beherrschend werden wird: Es handelt sich um jene »Anti-Novecento«-
Tendenz, deren Vertreter scheinbar am Rande, im Exil, oder im Gefängnis
arbeiteten. Dazu gehört auf der einen Seite Croce, dessen idealistisches, prä-
faschistisches Denken den Moment repräsentiert, in dem das gerade eben dem
Risorgimento entwachsene Italien, während es sich als bürgerliche Nation be-
gründete, endlich zu den großen (im Sinne von bürgerlichen) europäischen
Ländern gehören sollte; auf der anderen Gramsci, dessen marxistisches Gedan-
kengut die neuen Elemente im Leben der Nation vertrat, welche dann von der
rückschrittlichen Entwicklung im Keim erstickt wurden. Diese beiden kulturellen Erscheinungen lehnten die literarischen Schöpfungen des Novecento
zwar aus verschiedenen Gründen, oft aber mit denselben Argumenten ab. Es
ist genau diese »Anti-Novecento«-Tendenz, die nach '45 ans Licht kam und in
das allgemeine Bewußtsein Eingang fand, um dann die ganze literarische Welt
Italiens zu erneuern. Als typisches Beispiel sehe man sich nur das Experiment
des »Politecnico« an. Im nachhinein ist es schwierig, noch strenge Unterschei-
dungen zu treffen: Jener »Tendenz« gehörten nämlich auch Literaten an, die in
die formalistischen Anstrengungen des Novecento verwickelt gewesen waren.
Nehmen wir nur den Herausgeber des »Politecnico«, Vittorini. Klar ist jedenfalls, daß – mit Ausnahme des frühen Neorealismus im Film – zwar wenig
wirklich Neues in diesen zehn Jahren geschaffen wurde (neu in dem Sinn,
dem zum Beispiel die Arbeiten Ungarettis oder Montales im Verhältnis zu den
vorhergehenden lyrischen Erzeugnissen neu waren), daß jedoch alles, was sich
in dieser Zeit äußert und realisiert, eine grundsätzliche Neuheit bedeutet. Und
dabei handelt es sich eben um das Bewußtsein eines Anti-Novecentismus als

moralischer Notwendigkeit politisch-gesellschaftlichen oder religiösen Ur-
sprungs, die mit der im ontologischen Sinn literarischen Moral der Zeit davor in
offener Fehde liegt. Oder, wie Romanò in einem Artikel in der Zeitschrift
»Officina«, der die Konkretion jener »Tendenz« sein möchte, sagt, das Bewußtsein »der Loslösung von einer Dichtung, die auf wesentliche Erfahrungen im
Reich des Wortes und des Innenlebens ausgerichtet war, zugunsten einer
Dichtung, die auf wesentliche Erfahrungen im Reich der Wirklichkeit und des
Lebens der Beziehungen ausgerichtet ist. Das genaue Gegenteil der Voce-
'schen Poetik«.

Im Bereich der Lyrik dieser zehn Jahre Namen zu nennen, ist nicht leicht:
Die Jungen, und zwar sowohl die, die offen opponieren (die engagiert sind, wie
man so sagt), als auch die, die mit etwas erschöpfter Eleganz die letzten Stilele-
mente der Generation kultivieren, die ihnen vorausging, gehören alle zu der
von uns schematisch beschriebenen Tendenz. Bei den Älteren oder weniger
Jungen ist die Beziehung zu jener »Tendenz« interessant, oder wenigstens das
neue Licht historischer Kritik, in dem sie sich nun sehen: selbst Ungaretti
(siehe *Grido e paesaggi*) blieb davon nicht unberührt. Man beachte in diesem
Zusammenhang aber vor allem die Entwicklung Montales oder der Lyriker, die
bisher ein wenig im Schatten geblieben waren, wie Sbarbaro, Rebora, Jahier
oder sogar Saba. Bei den vierzigjährigen Dichtern ist zu beobachten, wie die
delikate, prä-realistische Gestalt eines Bertolucci immer stärker in den Vorder-
grund tritt, oder wie ein Caproni die Elemente seiner Unruhe auf aktuelle
Werte bringt; und wie sogar bei Luzi der Glanz des Mallarmé'schen Absoluten
verblaßt.

Bei der Prosa verhält es sich ähnlich, nur gibt es allerdings mehr herausra-
gende Neuheiten als in der Lyrik. Bei den Jüngeren zum Beispiel denke man
an Rea, an Parise oder an die Autoren der Zeitschrift »Gettoni« von Ottieri über
Fenoglio bis zu Testoni, und vor allem an Italo Calvino. Unter denjenigen, die
schon vor '45 hervorgetreten sind, gelten als die wichtigsten Pavese, Pratolini,
Cassola, Bernari, Quarantotti-Gambini, Dessi und Bassani. Das Leben der Beziehungen, sei es als unmittelbarer Bezug auf eine reale Situation – besonders
der Situation des Volkes –, sei es als geschichtliches Bewußtsein von Ereignissen dieser letzten Jahre – besonders innerhalb des Bürgertums – herrscht
weitgehend vor, und das auch dort, wo noch das eine oder andere Stilelement
der Kunstprosa oder des autobiographischen Romans überlebt. Für die Anpassung eines alten »Novecentisten« an die neue »Anti-Novecento«-Tendenz steht
der exemplarische Fall Giuseppe Raimondis. Abgesehen davon waren diejenigen unter den Älteren, die in diesen zehn Jahren am meisten Gewicht besaßen
und trotz ihrer vorhergehenden, außergewöhnlichen Arbeit fast wie Entdek-
kungen gefeiert wurden (Moravia, Soldati, Anna Banti, der große Gadda), eben
jene, die schon damals aus dem Kontext des Novecento-Geschmacks herausfie-

len, obwohl sie ihm teilweise angehörten. Ihre Arbeit an der Sprache war nicht von rein sprachlichen Absichten bestimmt, Ergebnis einer gemeinhin als »dekadent« bezeichneten Feinfühligkeit, sondern diente einer fast außerliterarischen, einer – in einer komplexen Bedeutung des Wortes – moralischen Absicht. Und doch war sie auch immer persönlich oder auf einen besonderen, ja fast von seiner Umgebung völlig abgelösten Bereich der Welt beschränkt, und nicht von einem Glauben oder einer allgemeinen Weltanschauung, neuen, kulturellen Definitionen bestimmt, wie die gerade heranwachsende Generation es gerne hätte.   *»Il Presente«*, III, *Rom, Sommer 1956*

1 ▷   *Rocco Scotellaro:* (1923-1953). Lyriker und Erzähler im Umkreis des Neorealismus.
2 ▷   *Leonardo Sinisgalli:* Lyriker. Vertreter des Hermetismus.
3 ▷   *»Il Politecnico«:* 1945 bei Einaudi in Turin von Elio Vittorini gegründete Kulturzeitschrift. Wichtigstes Organ der ehemals antifaschistischen, an der europäischen Öffnung Italiens interessierten Intellektuellen. »Politecnico« hatte interdisziplinären Charakter, betrieb soziologische Forschungen, veröffentlichte wissenschaftliche Artikel. Unter »Technik« wurde programmatisch jede Form kultureller Aktivität verstanden. In der Zeitschrift fanden wichtige Auseinandersetzungen über das Verhältnis zwischen Kultur und Politik statt.
4 ▷   *Emilio Cecchi:* (1884-1966). Schriftsteller. Kunst- und Literaturkritiker. Mitbegründer der »Ronda«. Wichtiger Repräsentant des intellektuellen Novecento Italiens. Erhielt für seine zeitkritischen Essays viele Preise.

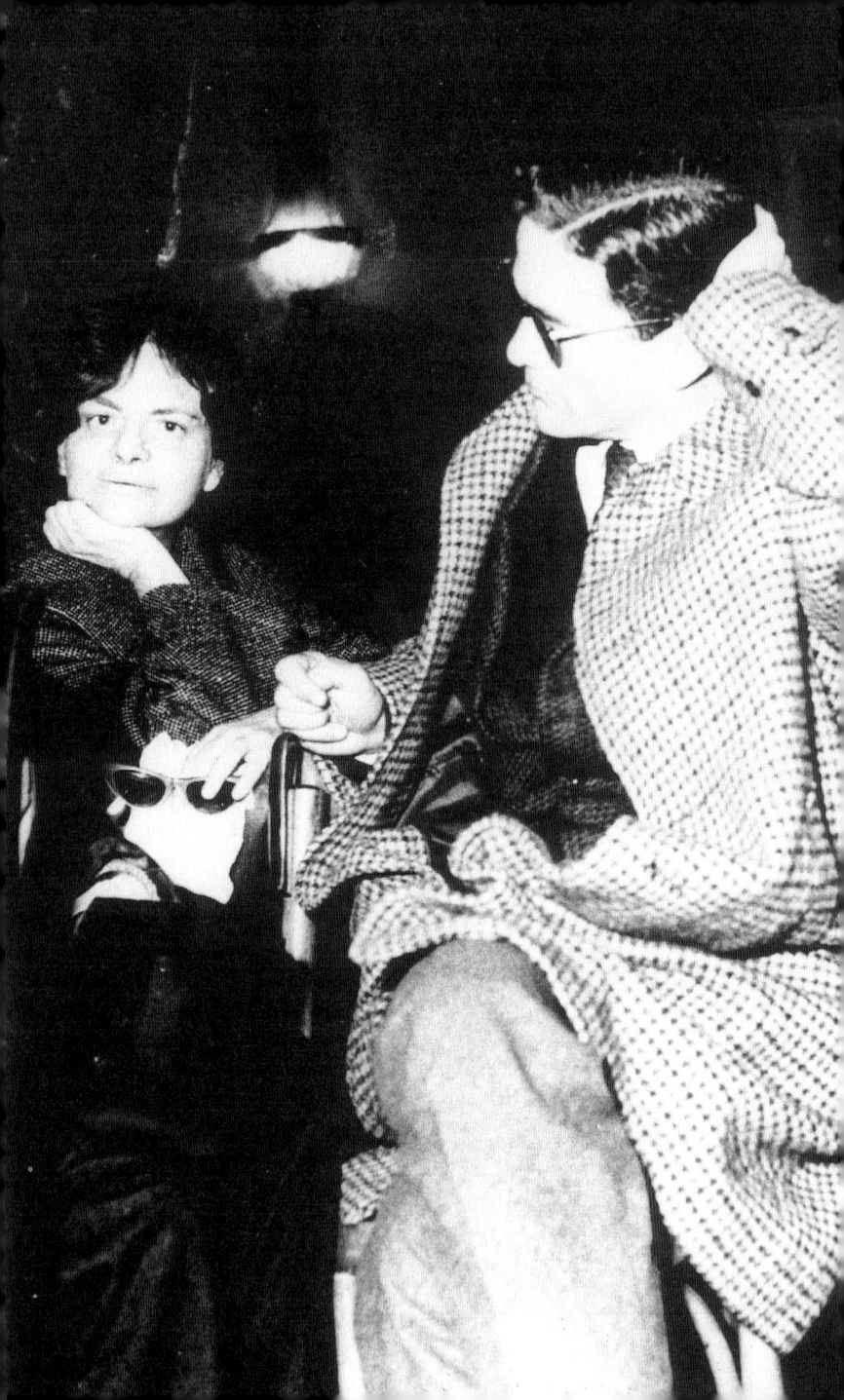

DIE POETISCHE ÖFFNUNG DES NEOREALISMUS
»ARTUROS INSEL« VON ELSA MORANTE

Hätte ein Kritiker vor drei oder vier Jahren versucht, Prognosen über die Entwicklung der italienischen Literatur bis heute anzustellen, und wäre dabei ausnahmsweise einmal im Besitz der sichersten Hilfsmittel, von der Geschichtsschreibung bis zur Statistik, gewesen, er hätte das Erscheinen des neuen Romans von Elsa Morante (natürlich unabhängig von der inneren Entwicklungsgeschichte der Autorin), *L'isola di Arturo/Arturos Insel* (Einaudi, 1957, und diesjähriger »Premio Strega«) doch unter keinen Umständen vorhersagen können.

Aufgenommen wurde dieser außergewöhnliche Roman, mit dem keiner rechnen konnte, überwiegend begeistert, aber mit apodiktischen Urteilen: Die offizielle Presse war, wie üblich, belanglos, förmlich und verkürzend, die faschistische Presse unflätig, und die linke Presse, das muß gesagt werden, übereilt und schematisch. Mit zwei oder drei Ausnahmen (z. B. Pampaloni) haben es nur Menschen »mit Geschmack« (und – wie Cecchi und De Robertis – von Bildung) verstanden, dieses Werk zu lesen. Zweifellos erweist sich *Arturos Insel* im Vergleich zu den anderen Werken der letzten Jahre als exzentrisch, es ist, als ob das Buch aus einem existentiellen Grund auftaucht, wo, wenn überhaupt, nur psychologische Orientierung möglich ist. Darum muß das erste Hilfsmittel, um sich diesem Roman als einem Phänomen zu nähern, eine »einfühlende«, oder eben, wenn man so will, eine Sensibilität des Geschmacks sein. Ohne diese vorbereitende, gewissermaßen schnüffelnde Lektüre ist es unserer Meinung nach unmöglich, zur eigentlichen kritischen Arbeit zu gelangen.

Es geht um die Frage: Ist das Werk der Morante nur ein geglücktes Randphänomen, das überleben durfte, das aber als solches isoliert, ohne historische Bedeutung und ohne Beziehungen bleiben wird? Oder reiht es sich in irgendeiner Weise in die jüngste kulturelle Phänomenologie ein, indem es diese Phänomenologie modifiziert und dabei seine eigenen Merkmale der Extravaganz und reinen Innerlichkeit verliert?

Elsa Morante und PPP
◁ während der Uraufführung von ›Accatone‹, Rom, 22. November 1961

Wir sind für die zweite Alternative: Es stimmt wohl, wahrscheinlich gibt es eine technisch-sprachlich-psychologische Grenze, die einen Bereich umschreibt, in dem sich der Roman – eingeschlossen in absoluter phantastischer Selbstgenügsamkeit – ohne historischen oder Gegenwartsbezug darstellen würde.

Technisch mangelt es dem Roman in gewisser Weise an Maß, die ersten hundert oder hundertfünfzig Seiten könnten fast um die Hälfte gekürzt werden. Denn Arturos Lehrjahre des Herzens sind, in dieser für die gedämpfte Phantasie der Morante so typischen Mischung aus Wirklichem und Unglaubwürdigem, derart glücklich erfüllt, daß es unnötig war, gleich zu Beginn auf einem vollständig abgerundeten Panorama zu bestehen. Das entstehende *trop-plein* unterstreicht jene »Merkmale der Dekadenz«, die uns jedoch nur äußerlich auf die Morante zuzutreffen scheinen. (Ein in den empfindsamen Ton der Morante übersetzter Rimbaud würde zu etwas ganz anderem, er bliebe zurück als einfaches Paradigma für Energie und Reinheit.)

Auch sprachlich gibt es ein Zuviel: eine leichte Redundanz, ein etwas prunkender Wortschatz (den ein junger Kritiker, Citati, irrtümlicherweise als montianisch bezeichnete), ein Überborden der Ausrufesätze, vor allem am Ende eines Absatzes, ein Ausufern der Substantive mit Majuskel – um nur geringfügige, aber auffällige Beispiele zu nennen. Auch hier also, äußerlich – oberflächliche Leser sind davon beeindruckt – eine bestimmte Atmosphäre dekadenter Erlesenheit: Geht man der Sprache der Morante aber auf den Grund, wird man sicherlich spüren, daß hier eine bescheidene und transparente Klarheit vorherrscht, die reizende Sorgfalt eines Schulaufsatzes. Der Morante ist eine Naivität eigen, die zutiefst allen Auswüchsen der Dekadenz widerspricht, denn diese Schriftstellerin hegt einen ganz unschuldigen Respekt vor den besonders kommunikativen, traditionellen Einrichtungen der Sprache.

Noch besser wird dieser Befund von der psychologischen Untersuchung bestätigt, die aus der Stilanalyse folgt; gefühlsmäßig ist die Morante in ihrem Verhältnis zur Welt als Gegenstand der Vorstellung unendlich bescheiden, fast als ob sie durch einen Minderwertigkeitskomplex in Praxis und Erkenntnis gefesselt wäre, den sie aber in den Impulsen des demütig liebenden Geschöpfes überwindet.

Dementsprechend wachsen die Größe, die Bedeutung und die Güte der Welt. Und die Demut der Morante verwandelt sich auf diese Weise in eine Art Stolz: den Stolz, durch die Liebe, die sie an diese Welt bindet, in sich selbst einen Funken dieser Welt zu tragen. Dieser Stolz kommt, ausdrücklich, im Gewande eines etwas billigen Sektierertums daher, aber auch dieses neue Element der Dekadenz, auf das wir hiermit gestoßen sind, hat nur einen ganz untergeordneten Stellenwert, denkt man an seinen – so anbetungswürdig naiven – Ursprung.

Dreharbeiten zu ›La Ricotta‹, von links:
PPP, Adriana Asti, Bernardo Bertolucci, Elsa Morante, Ettore Garafolo

In ihren Figuren spiegelt sich dieses Verhältnis der Morante zur Realität auf folgende Weise wider: Aufgrund der apriorischen Größe, Bedeutung und Güte der Welt können das »Negative« und das »Böse« nicht nur nicht wirklich dargestellt, nein, sie können nicht einmal begriffen werden: Es sind Unfälle, reine Zufälligkeiten, wenn nicht überhaupt nur *flatus vocis*.

Einzig in der Form einer gewissen Verfehlung des Guten bedroht das Böse die in die Psychologie der Personen eingesenkte, wunderbare Welt: Die einzige Sünde nämlich, in die Wilhelm, Arturo oder selbst Nunziata verfallen können, ist eine Art Verrat an ihrer eigenen, leidenschaftlichen Seele, eine Gefährdung durch Egoismus, der sie die Energie oder positive Vitalität, die in ihnen steckt, nicht bis zum Äußersten leben läßt. Nehmen wir – fast als Paradigma dieses Phänomens – Tonino Stella, einen kleinen römischen Gauner, an den Arturos Vater in krankhafter und ängstlicher Zärtlichkeit gebunden ist. Ein schlagendes Beispiel, wo die Morante ihre Unfähigkeit demonstriert, das Böse als Niedertracht darzustellen, und wo sie es mit Hilfe des Überschwangs und der Schönheit ihrer Figur hartnäckig rechtfertigt: Unverschämt ist er und egoistisch, aber natürlich im Grunde in seiner Gewalttätigkeit ein Auserwählter.

Indem sie diesen Eigenschaften unmittelbar ästhetischen Rang verleiht, hat die Morante Anteil an der Gesundheit, der Lebenskraft und der Auserwähltheit ihrer Figuren.

PPP, Adriana Asti, Elsa Morante

Nun ist die Dekadenz, die in der italienischen Literaturproduktion der zweiten Hälfte des zwanzigsten Jahrhunderts in der Kunstprosa und im Hermetismus weiterbesteht (weil dessen heteronom anarchische Gewalt beim Surrealismus zu anderen Folgerungen führen würde) vor allem: 1) Sinn für die Beherrschung der Welt (politisch eine reaktionäre Haltung); 2) Gewißheit um das Vorrecht der Sprache an der Grenze jener Herrschaft (Ästhetizismus); 3) Angst, das heißt, eine ständige Ahnung des Bösen als Unterbrechung des Lebensstromes, als Verfall innerhalb der Gesellschaft und des Ichs (die sogenannte »Krise«). Nichts jedoch von all dem – trotz gewisser äußerlicher Hilfskonstruktionen im Ausdruck – bei der Morante. Und bis jetzt haben wir nur eine summarische Untersuchung der subjektiven Elemente des Romans durchgeführt: dessen, was sich bei Arturo oder Wilhelm von der Morante selbst nicht unterscheidet.

Wenn wir das Werk dagegen in seiner Eigenschaft als Roman zum Untersuchungsobjekt machen wollten – das heißt, vor allem die Liebesgeschichte zwischen Arturo und Nunziata (Nunziata ist das Wunderbarste der *Insel*: mit allem, was an ihrem Wesen teilhat, von der Hündin Immacolatella bis, sagen wir, zum Kindchen Carmine), würden unsere Argumente noch überzeugender ausfallen. Der *background* Nunziatas und die ganze Nunziata selbst fügen sich auf überaus seltsame Weise in die Tradition des südlichen Naturalismus ein. Sie

ist (gemeinsam mit der, alsbald verratenen, Manzoni-Tradition) die beste der italienischen Literatur. Die Morante bewegt sich hier – in der fortwährenden »Anspielung« auf diese Tradition – Seite um Seite um Seite mit wunderbar selbstverständlicher Leichtigkeit; ihre Schilderung Nunziatas, mit den Einblicken in das neapolitanische Familienleben und den Umständen ihres sonderbaren gegenwärtigen Lebens auf Procida, verliert keinen Augenblick an Kraft, hat keinen Mißton, keinen Fehler: Sie ist, trotz ihrer äußersten Sanftheit und Hingabe, auf wunderbare Weise streng.

Wir weisen den Leser auf die beispielhaften und geradezu paradigmatischen Seiten hin, welche die Nacht schildern, in der der Junge die Hebamme holt: Sie gehören zu den schönsten Seiten der italienischen Erzählkunst des zwanzigsten Jahrhunderts. Überdies wird der Leser hier konzentriert die beiden Hauptmerkmale des Morante'schen Erzählstils erleben: Fortwährend spielt sie an auf den großen, idealtypischen Traditionsroman, der sich bruchstückartig zusammensetzt, und sie erhebt das reale Italien, im vorliegenden Fall Süditalien – entdeckt wird es hier, gemäß jüngster Dichtungslehre, in der ganzen Unmittelbarkeit des sinnlich-Konkreten – in ein Licht reiner Phantasie, ein Licht, das jene genauen, lebendigen Daten des Alltags mit dem »universalen Leuchten« eines sozusagen profanen Altarbildes überzieht.

Wir kehren damit ins Zentrum des Gedankenganges zurück: Das Werk der Morante ist nur in dem allen Kunstwerken notwendigen Maß exzentrisch und unwiederholbar einzigartig. Es fügt sich nicht nur mit einer Reihe von technischen Bezügen in den zeitgenössischen Rahmen ein, sondern verwandelt diesen mit seinem bloßen Dasein von innen heraus, weil es eine neue Notwendigkeit darstellt, die die Kritiker, auch die ideologisch engagierten unter ihnen, nicht ignorieren oder mit Kriterien verwerfen können, die nur bis gestern Gültigkeit hatten. Die Tatsache, daß es dieses Buch gibt, beweist unleugbar, daß der Nachkriegsrealismus dabei ist, in eine zweite Phase einzutreten, und zwar ganz offensichtlich jenseits des Notstandes, aus dem er geboren wurde. Daraus folgt die Wiederaufnahme von Stilelementen, die nur scheinbar überwunden waren, sich aber in Wirklichkeit innerhalb des Neorealismus selbst als jüngste Traditionen weitervererbt haben (besonders die syntaktische und erzählerische Unregelmäßigkeit, aber auch die Raffinesse): und das Entstehen neuer Formen von »Ausweichmanövern«, wie sie in jeder normalen literarischen Situation unvermeidbar sind. Auf die entsprechenden Mittel dafür verweist das Werk der Morante mit der zwingenden Notwendigkeit der Poesie.

»Vie Nuove«, XII, 50, Rom, 21. *Dezember 1957*

EINE WELT DER UNORDNUNG UND DER DUMMHEIT

»DIE GRÄSSLICHE BESCHERUNG IN DER VIA MERULANA«

VON CARLO EMILIO GADDA

Wohl bei keinem anderen Buch ist eine an Leo Spitzers Methode orientierte Stilanalyse statthafter als bei diesem Werk Gaddas: Ja, dieses Buch scheint sich dem Stilkritiker für richtiggehende Analyseorgien anzubieten, man möchte sich in ihm verlieren wie eine Maus im Käse. »Klick« nennt Spitzer mit einem onomatopoetisch-lebhaften Ausdruck den Moment der Lektüre, in dem anläßlich einer stilistischen Besonderheit – die auch geringfügig sein kann – im Leser etwas geschieht, was dann bewirkt, daß diese Besonderheit intuitiv sofort eine paradigmatische Bedeutung erhält, ja, das ganze Werk in sich zusammenfaßt. Die Analyse dieser Besonderheit führt dann zum umfassenden Verständnis des ganzen Werkes, des Autors oder sogar seines kulturellen Hintergrunds, mithin seiner Zeit.

Beim Lesen der *Gräßlichen Bescherung* vernimmt der Leser jedoch eine ganze Reihe ununterbrochener Klicks in seinem Kopf, und das auch auf ein und derselben Seite, auf verschiedenen Ebenen: ein Gewehrfeuer von Klicks, die sich widersprechen und darum Gefahr laufen, keine Wirkung mehr zu tun.

Nehmen wir zum Beispiel die Serie von Klicks, die entlang der Dialektkomponente, der offensichtlichsten, explodieren. Wir finden:

1) Eine Reihe verschiedener Formen des Dialektgebrauchs, die an Verga erinnern: das heißt, sie implizieren eine Regression des Autors in das beschriebene Milieu, die damit endet, daß er dessen innersten Sprachgeist annimmt (das Sizilianische in *Die Malavoglia*, hier ist es das Romanesco). Dabei ahmt er ihn unaufhörlich nach, bis aus dieser zweiten sprachlichen Natur seine primäre Natur geworden ist und die entsprechende Vermischung stattfindet. (Wir möchten aber gleich darauf hinweisen, daß dieses Verfahren bei Verga objektiven Zwecken diente. Hier auch?)

2) Eine Reihe verschiedener Formen des Dialektgebrauchs, die an Belli[1] erinnern: das heißt, sie implizieren eine Regression des Autors in eine seiner Gestalten, die so spricht, wie sie geschaffen ist, also im reinsten Dialekt. Hier findet eine Verschmelzung der von unten herkommenden, mundartlich-partikularistischen Natur der Romanfigur mit der konventionell-florentinischen

Natur des Autors statt. Einige Stücke könnten mit Leichtigkeit in Belli'sche Sonette übersetzt werden: aber für mehr als neun Zehntel des Romans träfe das nicht zu.

3) Eine Reihe verschiedener Formen des Dialektgebrauchs, die sich der »indirekten freien Rede« bedienen, fast als ob der Erzähler nicht der gebildete Gadda, sondern eine seiner grobschlächtigen Figuren wäre, die auf einer Gadda'schen Tonbandaufnahme monologisiert. Wer wäre in dem Fall aber der Erzähler? Ingravallo? Unmöglich, denn dem widersprechen die gleichzeitigen Abläufe in einer höchst gebildeten, technischen, lyrischen Sprache: von den Einschüben im Mailänder Dialekt ganz zu schweigen!

4) Eine Reihe verschiedener Formen des Dialektgebrauchs, die rein literarisch bleiben, unverbindlich, zwischen der Lust am Barockisieren und am Macaronico schwankend: in diesem Fall werden die Dialektsprüche launiger, schnörkelhafter, spöttischer und reihen sich mit ihrem lyrischen Gehalt in eine andere Stilkategorie ein. Eine untergeordnete Funktion der Dialektkategorie behalten sie jedoch bei. Wir könnten sie: »dem Sprechenden eine Grimasse schneiden« nennen, und dies geschieht mehr oder weniger aus Trägheit, aus einer Laune oder aus Zorn.

Wie man sieht, widersprechen sich diese vier verschiedenen Weisen des Dialektgebrauchs untereinander, und ein einziges, ihnen entnommenes »Stilmittel« Gaddas könnte das ganze Werk niemals blitzartig zusammengefaßt repräsentieren.

Das Gleiche geschieht (und hier müssen wir aus Gründen höherer Gewalt zusammenfassen und uns auf das Vorstellungsvermögen des Lesers verlassen), wenn wir nicht dem Dialektgebrauch, sondern der Syntax nachgehen, die übrigens auch sehr auffällig ist. Es wäre nämlich sehr schwierig, festzulegen, ob die Syntax Gaddas hypotaktisch (das heißt: vollständig, abgerundet) oder parataktisch (das heißt: schlicht, kurz) ist: Es lassen sich beide Typen finden. Oft folgt auf eine sehr lange Periode (die aber niemals symmetrisch ist!) eine sehr kurze, kleine Periode wie nach einer Kanonenbreitseite ein kleiner Büchsenschuß. Man müßte darum für Gadda und seine monströse syntaktische Maschinerie einen neuen Begriff bilden: Nennen wir sie also ruhig Hypertaxe (wie wir andernorts schon vorschlugen). Aber wo macht es in dieser – äußerst strengen – Ansammlung von Widersprüchen denn nun Klick?

Wir müssen uns also damit abfinden, daß uns die Stilanalyse in ihrem typischsten und wichtigsten Element, nämlich der Detailanalyse, nicht weiterhilft: Und jetzt gilt es, zu prüfen, ob uns der Erkenntnissprung anläßlich einer längeren Passage des Werks gelingt, das heißt, mit Hilfe mehrerer Seiten statt nur angesichts eines Stilmittels oder eines Syntagmas. Das erfordert eine

Carlo Emilio Gadda ▷

gewisse Abstraktion, eine gewisse Verallgemeinerung, vor allem in einer Rezension wie dieser. Der Leser denke aber zum Beispiel an die Seite des Romans, wo der Priester von den verschiedenen, angenommenen Töchtern der
Ermordeten spricht, oder an das Stück, in dem die beiden Ordnungshüter sich
zu Zamira begeben: Er wird dann eine klare Vorstellung von der *Erzählweise*
Gaddas haben.

Um diese Vorstellung noch klarer zu machen, könnten wir uns *motu proprio* ein ideales Vorbild, ein Paradigma der *absoluten Erzählweise* vor Augen
halten und als Beispiel die für unseren Zweck wie geschaffene Episode von der
Flucht Renzos bis zum Adda bei Manzoni nehmen.

Der Leser erinnert sich wahrscheinlich, wie sich die Erzählzeit und die
logische – die realistische, aber nicht naturalistische – Anlage der Ereignisse
und der einzelnen Elemente in dieser ganzen Episode immer perfekt decken.
Natürlich geschieht das in der Syntax und vor allem in der Reihe der Prädikate:
sie ist eine Folge von *historischen Perfektformen* und *logischen Perfektformen*
(Renzo ging ... sah ... usw. usw.), in der sich die Stimme des Erzählers in ihrer
ganzen Klarheit ausdrückt. Sie ist vollkommen sicher, daß es ihr gelingen wird,
in ihrem grammatischen Gefüge, also in ihrer bürgerlich-demokratischen Ideologie und ihrer christlichen Nächstenliebe, das Wirkliche zu erfassen.

Bei Gadda stützt sich die Darstellung des Gangs der Ereignisse oder auch
der Erzählrhythmus *niemals* auf eine solche Folge von Pfeilern aus historischem und logischem Perfekt.

Folgendermaßen wird beschrieben, wie ein Ereignis abläuft: 1) entweder
in einer Art idealem historischem Präsens, das etwas von der wahnsinnigen
Proust'schen Rekonstruktion hat, ein besessenes Versinken im Detail, das auf
tausend Ebenen ausgearbeitet, auf tausend feinen Nebenwegen verfolgt wird.
Die Beschreibung unterbricht sich also von ihrem eigenen Begriff her ständig,
wird unter Kontrolle gehalten, betäubt und zergliedert (man vergleiche das
Verhör von Ines); 2) oder in einer Art zusammenfassender Aussage *à rebours* –
am Ende eines komplizierten *excursus*, der womöglich gar nicht zum Ereignis
selbst gehört – die ihn rasch abfertigt und aus dem Weg räumt, um dem Autor
die Möglichkeit zu geben, zum nächsten *excursus*, zur nächsten Flucht überzugehen; 3) oder schließlich in der allertypischsten Erzähltechnik Gaddas, die
ganz und gar auf dem *Plusquamperfekt* basiert. Will heißen: Um dem Gebrauch
logischer und historischer Tempi zu entgehen, tut Gadda fast immer so, als ob
er seinen Bericht in einem Moment erstattet (wir könnten ihn *relatives Präsens*
nennen), in dem die Folgen des Geschehens schon eingetreten sind und nichts
mehr zu machen ist. Von diesem, in seiner Art beruhigenden Blickwinkel aus
läßt er dann rasch alle einzelnen Ereignisse Revue passieren, die zum Endergebnis beigetragen haben, als ob sie abgetrennte Glieder einer verlorenen
Einheit wären, die in der Zeit untergegangen ist und in der Zeit wiederauftau-

chen wird. Diese im Plusquamperfekt eingeführten, kleinen Erzählabschnitte ebnen den Unterschied zwischen nebensächlichen und wichtigen Umständen substantiell ein, indem sie alles auf eine Ebene bringen, in der nichts zählt außer ihrer Eindeutigkeit oder der physischen Gewalt, mit der sie aus der Zeit wiederauftauchen (vergleiche die Episode mit den beiden Brüdern Branca im Haus der Zamira und dann am Straßenwärterhaus).

Das erste Ergebnis der Untersuchung der *Gräßlichen Bescherung* ist also die vorrangige Wichtigkeit ihrer Sprache, ihrer Technik und ihres Stils. In anderen Worten: Worauf es in der *Gräßlichen Bescherung* in erster Linie und hauptsächlich ankommt, ist die Figur des Erzählers.

Dieser – idealerweise betrachtende und objektivierende – Erzähler ist hier dagegen eine höchst dramatische Figur. Es stimmt, er spricht das Wort *Ich* nie aus, fast als ob in ihm naturalistische Normen und ein gesellschaftlich korrektes Benehmen überleben sollten: dieses nicht genannte, erzählende *Ich* ist an keiner Stelle Hauptfigur einer immer schon lyrischen, der Eigenliebe schmeichelnden Geschichte im Stil der »schönen Seele«; er ist, im Gegenteil, Hauptfigur einer Geschichte von Schmerz, Wut und Selbstzweifeln.

Die Dramatik dieses Erzählers – die die Dramatik der Figuren, wie sie aus der hier angedeuteten Stilanalyse hervorgeht, erst begleitet, dann aber überragt – besteht in furchtbar heftigen Zusammenstößen zwischen einer objektiven Wirklichkeit (etwas Objektiveres als einen in einem bestimmten Milieu angesiedelten Kriminalroman, wie der vorliegende der Form nach ist, kann man sich kaum vorstellen) und einer subjektiven Wirklichkeit (der Erzähler), die beide ideologisch und stilistisch völlig unvereinbar sind. Der Aufprall des Ichs auf diese Welt vollzieht sich nun konkret in tausend kleinen Details; aus der Stiluntersuchung der Dialektkomponente geht nämlich hervor, daß Italien und im vorliegenden Fall Rom sich für Gadda als ein Babel darstellen, als eine Ansammlung von drei verschiedenen Sprachschichten, die drei Kulturen auf unterschiedlichen Ebenen vertreten: die literarische Sprache (europäische Kultur der Avantgarde-Dichtung), die *koinè* (Kultur des erst faschistischen und dann christdemokratischen Kleinbürgertums) und Dialekt (Kultur der Arbeiterklasse, die hier aus dem Süden kommt und daher zum Lumpenproletariat gehört).

Abgesehen von diesen Teilzusammenstößen gibt es aber einen totalen, absoluten Zusammenstoß, der, wie wir gesehen haben, aus der technischen Unfähigkeit Gaddas herrührt (außer in Form von »Anspielungen«), direkt, logisch und historisch zu erzählen.

Darum: Es gibt bei Gadda die Gewißheit einer objektiven Wirklichkeit, die (nach der Formel Vergas, wohlgemerkt) nachgeahmt und dargestellt werden kann. Aber diese Gewißheit stammt noch aus der positivistischen und laizistischen Kultur, an deren äußerstem Rand Gadda (der Ingenieur ist) sich

ausgebildet hat. Über diese Gewißheit legt sich eine tatsächliche Unsicherheit,
der lyrische Sinn für die Nichtigkeit und die Leere, dessen religiöse und sto-
ische Züge aus der Kultur stammen, in der Gadda zwangsweise und als nur
Reagierender gelebt und gearbeitet hat.

Oder auch, in anderen Worten: Es gibt bei Gadda ein Akzeptieren der
gesellschaftlichen Realität Italiens, so wie sie vom Bürgertum des Nach-Risorgi-
mento kodifiziert und eingerichtet wurde, ein Akzeptieren, das sogar reaktionär
ist, denn vorhandene Gefühle wie den Patriotismus, den Respekt vor der Ordnung, die monarchistische Loyalität usw. scheint sie nicht gründlicher untersu-
chen zu wollen. Neben diesem Akzeptieren gibt es aber auch noch, wie um der
Bereitschaft zur Akzeptanz zu widersprechen und um sie umzukehren, das –
fast nervliche, möchten wir sagen – Bewußtsein von der tatsächlichen Negativi-
tät der Strukturen jener gesellschaftlichen Wirklichkeit.

In der *Gräßlichen Bescherung* zeigt sich Gadda uns daher erschüttert und
wie zwischen zwei verschiedenen Irrtümern erdrückt: dem überlebenden, naturalistischen Positivismus eines liberalen Prä-Faschisten aus dem rechten Lager und dem gequälten, deformierenden Lyrismus eines gepflegten und vom
ungleichen Kampf gegen den Staat zerrütteten Antifaschisten.

Seine Angst – die eine soziale Angst ist – kennt also kein Heilmittel, und
sein Stil wird immer ein tragisch unreiner, besessener Stil sein. Wenn er nämlich die Institutionen akzeptiert, die er für gut hält, ist er gezwungen, ununter-
brochen gegen die tatsächlich bösen Einrichtungen zu wüten.

Außerdem gehört er zu einer Zeit, in der es noch nicht möglich war, diese
ganze Welt – ein Magma aus Unordnung, Korruption, Heuchelei, Dummheit
und Ungerechtigkeit – unter dem Blickwinkel der Hoffnung zu sehen. Seine
Aufgabe ist keine kritische: Sein Realismus kann nicht perspektivistisch sein.
Mit Gaddas Hilfe drückt sich ein Teil unserer Welt (der historische Zeitab-
schnitt zwischen den beiden Weltkriegen) fast von allein, im Reinzustand aus –
Faschismus und Antifaschismus, Reaktion und Demokratie –, und zwar in seinem objektiven Widerspruch, der im Subjekt, dem Zeugen, zur Angst und zur
Neurose wird. Wenn dieses Buch zufällig in der Schublade des Autors liegenge-
blieben wäre und dreißig oder vierzig Jahre später erschienen wäre, wäre es
genauso aktuell gewesen, gerade weil es in diesem Moment ein wenig inaktuell
ist, sich aber bereits wie ein absoluter Wert darstellt – Frucht eines sehr großen
Verstandes und eines sehr großen Herzens –, von der kämpferischen Kritik
zwar noch nicht zum Kultgegenstand gemacht, mittlerweile aber schon Gegenstand der Literaturgeschichtsschreibung oder der Verehrung.   *1958*

---

1 ▷ *Giuseppe Gioachino Belli:* (1791-1863). Römischer Dialektdichter. Sein Hauptwerk sind die 2269
»Sonetti« in Romanesco.

DIE STILISTISCHE REAKTION

Die knechtischen Strömungen

Sehr geehrte Herausgeberin, ich bin nicht in der besten Verfassung, nach zwei, drei Jahren wieder eine neue »Confusione degli stili« zu schreiben, dieses Mal über das poetische Handwerk. Warum? Weil ich geschlagen bin und meinen Feinden nicht verzeihen kann. Meine Bitterkeit und mein Abscheu machen es mir schwer, ein Thema anzugehen, für das ich Leidenschaft brauche. Was mich daran hindert, mich überhaupt noch zu engagieren, und mir diesen Vorgeschmack auf den Tod gibt, ist die mittlerweile unwiderrufliche Gewißheit, daß man sich in unserer Welt nicht versteht, nicht verstehen will und nicht verstehen darf. Kein einziges von mir geschriebenes oder gesprochenes Wort, das nicht, absichtlich oder unabsichtlich, von einer Legion knurrender Köter, wie Bassani sie nennt, mißverstanden worden wäre. Ich trete schon geschlagen in den Ring, und das möge mich rechtfertigen.

»Auf dem Feld der Lyrik« haben in diesen Jahren die knechtischen Strömungen triumphiert. Der einzig wirklich wichtige Gedichtband ist *La cantica* von Francesco Leonetti[1] gewesen (zu dem man jedoch noch die 46 Gedichte von Roberto Roversi[2] in »Menabò« 2 hinzuzählen muß), aber er ist in der allgemeinen Gleichgültigkeit untergegangen, was die Unfähigkeit der Kritiker beweist, nicht bereits abgestempelte Waren in ihren Gesichtskreis überhaupt aufzunehmen. Rebellato und Schwarz haben eine Anzahl von Bändchen herausgegeben, die fast alle hübsch und ansehnlich sind (einige besonders, wie die von Tiziano Rizzo und Ugo Reale): aber alle wirken wie Nebenprodukte. Wovon? Von einer Kreuzung zwischen Post-Hermetismus und gesellschaftlichem Experimentismus, die sich gegenseitig korrigieren. Eine schlechte Zeitschrift, die in Norditalien erscheint, »La situazione«, macht, mit dem für die Nebengebäude des Hofes typischen Lärm, immer noch großen Aufruhr um gewisse Entdeckungen des raffinierten, dekadenten Novecento in seinem »menschlichsten« Aspekt, seiner Saba-Sbarbaro-Sereni-Rolle. Um diese Achse herum gruppiert sich ihre ganze Produktion, eine Produktion, in der jene normalisierende Korrektur, von der ich sprach, um so verworrener abläuft, je mehr sie paradigmatisch, in mahnender Absicht, vorgegeben ist. Die Zeitschrift »Quartiere«, von der, wie von »Situazione«, etwas Küchenmagdhaftes ausgeht, bemäntelt ihre Verteidigung des Florentiner Hermetismus mit ideologischen Motiven (die von der unverdauten Lektüre irgendwelcher guter Bücher herrühren). Es geht ihr um die wesentliche Poetizität der Lyrik, um die Übergeschichtlichkeit und Absolutheit jeder dichterischen Tat und der stilistischen Arbeit des Poeten, ohne sich dabei klarzumachen, wie selbstverständlich und anmaßend das ist. Eines ist gewiß: Wir werden alle in der Metahistorie enden. Ich begreife aber nicht, warum man auf einer so unschönen Zukunftsperspektive auch noch insistiert. Das ist doch ein »Memento mori«: Und der gute Betocchi bejubelt stolz irgendwelche Neuankömmlinge. Achtung, verehrte Herausgeberin, ich spreche von den Jungen, den Allerjüngsten, der letzten Generation. Die Dichter, die ihre schöne, vor dem Krieg begonnene Laufbahn fortsetzen (Bertolucci, Caproni...) oder die noch Älteren möchte ich dagegen nicht auf dieses Niveau herabziehen. Ein jämmerliches Niveau: Man braucht sich nur den Abschnitt über »Realität und Formtradition der Nachkriegslyrik« in Heft 16 von »Nuova Corrente« anzusehen.

Das Novecento dauert noch an, verehrte Herausgeberin! Und mit ihm diese ganze erschreckende Kategorie unserer Existenz: Oberflächlichkeit, Heuchelei, Opportunismus, Unwissenheit, Provinzialität, elitärer Dünkel und Arroganz. Warum sollte es übrigens nicht andauern? Die Gesellschaft ist immer noch die gleiche: Dieses Land wird immer noch von einem Bürgertum beherrscht, das keine einzige Revolution gemacht hat, das keine einzige bedeutende, moderne Tradition besitzt. Es ist wie ein Verhängnis: Was auch immer geschieht, es verschlechtert dieses Bürgertum. Machen Sie eine neue Zeitung, und sie wird das Bürgertum verschlechtern. Erfinden Sie das Fernsehen, und es wird das Bürgertum verschlechtern. Versuchen Sie, vernünftig zu denken und zu glauben, und die Produkte Ihrer Vernunft und Ihres Glaubens werden das Bürgertum verschlechtern. Natürlich sind wir, mit unserer Vermittlerfunktion, die übrigens als einzige wirklich zählt, nicht besser als das Bürgertum. In den Medien, die die öffentliche Meinung machen, ist das nicht anders möglich. Die neuen Poeten und die neuen Kritiker aber scheinen alles daranzusetzen, um auch bis ins Innerste wie das Bürgertum zu sein: Sie verleihen ihrer Innerlichkeit eine spezialisierte, entfremdete, absolute Physiognomie, die genau dem entspricht, was das Bürgertum von einem Literaten erwartet.

Die Polemik gegen »Officina«[3]

»Officina« (wenn ich nicht irre, möchten Sie vor allem, daß ich über »Officina« und die damit zusammenhängenden Erfahrungen spreche), »Officina« ist zwecklos gewesen. Man hat von dieser Bewegung aus Ideen nur das verstanden oder nicht verstanden, was man wollte, und zwar mit dem grundsätzlichen

Abstand, mit dem man einer Sportveranstaltung beiwohnt. Tatsächlich kann ich ringsumher keine einzige Wirkung und in den kritischen Diskussionen der jungen Generation keinen einzigen Akzent entdecken, der auf eine wirkliche Beschäftigung mit unseren Problemen schließen läßt. Stilistisch liegen die Dinge noch schlimmer: Abgesehen vom Wiederaufleben des Belletristik-Lasters gibt es auch bei den achtbarsten Vertretern keine Spur der stilistischen Linie der »Officina«. (Nach *Gramsci's Asche* hat es von »pasolinischen« Anklängen nur so gewimmelt – wenn dieser größenwahnsinnige terminologische Egozentrismus mir in einem Brief gestattet sei. Aber es handelt sich nur um äußerliche und mechanische Bezüge, um Mode, nicht um Tendenz.) Das Wertvollste, was ich in letzter Zeit zur Ansicht erhalten habe, setzt eine Kenntnis der »Officina« voraus, zieht aber sehr wenig Nutzen daraus. Es sind zwei Manuskripte von Dramis und Ferretti, das erste eine Reihe von Novellen in Versen im Stil Vergas, das zweite besteht aus *maudits*-Ausbrüchen, denen es nicht an soziologischen und politischen Perspektiven fehlt. Unter Zuhilfenahme einer seiner Metaphern könnte man den Text »Der Don Quijote der Wut« betiteln. Etwas wenig für eine Bilanz. Aber mehr konnte man ja nicht erwarten. Möglich, daß ich ungerecht, mißgünstig und verknöchert bin, und daß ich den einen oder anderen jungen oder auch gleichaltrigen Schriftsteller mit absichtlichen oder unabsichtlichen Auslassungen verletze. Aber die Flut an Beleidigungen, an Verständnislosigkeit, an bösen, oder, was noch schlimmer ist, idiotischen Verzerrungen, die sich auf meine kritische Arbeit ergossen hat, ist wahrhaftig entmutigend und mag mir zur Entschuldigung gereichen.

Die nicht erwähnten Ausnahmen zugegeben, darf ich also schlußfolgern, daß wir uns (Neuheit!) wieder einmal voll und ganz auf dem Rückmarsch befinden. Das Gespräch mit den schlimmsten Schuldigen, mit den überheblichen, ewigen literarischen Knechten des politischen Rückschritts, mit den schamlosen Katholiken, den skeptischen Liberalen, den schlaffen Sozialdemokraten, habe ich in vollster Absicht abgebrochen. Das Gespräch mit den Freunden aber, mit denen, die auf meiner eigenen Linie arbeiten, kann ich nicht unterbrechen.

Welche Funktion hatte »Officina«? Zu bekämpfen, was vom Mythos des Novecento übriggeblieben ist (und jetzt nicht nur wieder in Zeitschriften im Stil von Gemeindeblättchen ausgespuckt wird, sondern auch bei den Ungebildeten oder den letzten Arrivierten und Karrieristen neue Geltung und Faszination gewinnt). Und es war ihre Aufgabe, einen Begriff von Dichtung wieder geltend zu machen, der sie als geschichtliches und kulturelles Erzeugnis versteht, welches auch in seinen ganz tief im Dunkel der Seele versunkenen Momenten der Angst oder der Freude doch immer kritisch beschreibbar ist und in Beziehungen gesetzt werden kann. Denn es gibt kein psychologisches Gefühl, das nicht gleichzeitig auch soziologisch wäre. Dies war, versteht sich, ein Problem der Kritik: Aber es wirkte auch im Inneren der lyrischen Produkte selbst, es war den Redakteuren von »Officina« gegenwärtig, sofern sie selber Dichter waren. Viele Male wurde gerade dieses Problem – entweder in seiner Gesamtheit oder in seinen Teilaspekten – zum Thema oder zum Inhalt ihrer Verse.

Ein Begriff von Realismus

Wir haben uns viel Arbeit damit gemacht, einen kulturellen und poetischen Begriff von Realismus zu schaffen. Er sollte nicht mehr der augenfällige, unvermittelte Tageszeitungsrealismus des Neorealismus, sondern ein ideologischer Realismus als intellektuelle Haltung sein. Ist das nicht auch letztlich der einzig mögliche Realismus?

(Mir persönlich werfe man jetzt bitte nicht vor, mit dem Dialektgebrauch in meinen Romanen von diesem strengen, sprachlich zentralistischen und festlegenden Begriff abzuweichen: In diesen Romanen – ich beziehe mich besonders auf *Vita violenta* – wollte ich eine »vollständige Objektivität« schaffen, die beides, jenen Realismus als »intellektuelle Haltung«, jene ideologische Achse, und gleichzeitig auch eine expressive, unmittelbare, brutal physische Oberfläche, enthalten sollte.)

Gegen den Neorealismus brachten wir also die Notwendigkeit einer vollständigeren kritischen und ideologischen Behandlung sowohl der politischen als auch der stilistischen Probleme vor: und zwar durch die Tilgung oder (wie ich es in einigen Fällen getan habe) durch die geschlossene Übernahme aller Elemente von Unmittelbarkeit.

Die Verdammung des italienischen Novecento war ein Urteil in letzter Instanz (wenn ich italienisch sage, beziehe ich mich auf das Novecento, das zur »Ronda«, zu Cecchi, zu den philofaschistischen Schriftstellern der Kunstprosa führte: natürlich nicht auf die vereinzelten Fälle von Lyrik, die sich in jeweils unterschiedlicher Weise in die Zentren der europäischen Kultur einfügten). Viel komplizierter lagen die Dinge aber bei dem Verhältnis zum europäischen Novecento, das heißt zur Dekadenz (»literarische Waren der bürgerlichen Klasse im Moment ihrer äußersten intellektuellen und stilistischen Reife und gleichzeitig im Moment ihrer politischen und ideologischen Krise«: ist diese Formel genehm?). Es lag auf der Hand, daß unendlich viele solcher dekadenten Elemente auch in uns fortbestanden, denn wir waren italienische Staatsbürger, geboren vor etwa dreißig, vierzig Jahren, in einer Kultur, die keine andere Perspektive, keinen anderen Raum, würde ich sagen, als den der Dekadenz hatte.

Auch dieser Gegensatz oder Zusammenstoß – wie Fortini übertreibend und nicht dialektisch, sondern bloß entgegensetzend sagt – wurde Gegenstand oder Inhalt unserer Verse.

Der »stilistischen Freiheit« der Literatur der Dekadenz, deren sprachliche Einfälle sich durch Parthenogenese unendlich fortpflanzen konnten, um
die berauschende Illusion grenzenlosen Erfindungsreichtums zu erzeugen
(diese Illusion leitet noch immer die Dichter der Zeitschrift »Verri«), setzten
wir jedoch die stilistische Verantwortung entgegen: oder auch den Verzicht auf
eine Geschicklichkeit, die wir gleichwohl besaßen, auf eine barbarische – wie
Contini sie nannte – Goldschmiedekunstfertigkeit, mit der wir jahrzehntelang
hätten arbeiten können. Dies taten wir, damit jene Verkettung, die die Existenz
nur einer einzigen Klasse (der herrschenden) und nur einer einzigen Kultur
(jene, die das verzweifelte und überfeinerte Ich privilegiert) vorsah, durchbrochen würde.

Die Kette wurde tatsächlich durchbrochen: Ich spreche von der Tradi-
tionskette freier Stilmittel von Rimbaud über Pound bis zu den raffinierten
Dialektdichtern... Trotzdem überdauert etwas von jenem dionysisch-intellek-
tualistischen Stilrausch; und es neigt dazu, mit dem Irrationalen *tout court*
zusammenzufallen, das aus keinem Dichtungsbegriff je ganz wegzudenken ist,
denn in jedem, noch so knappen Gedicht muß ein Quantum beziehungsloser,
unbestimmbarer Ausdruckskraft überleben. Marx hat das Irrationale nicht in
Erwägung gezogen. Ich sage Marx und meine den Marxismus. Lukács auch
nicht: Darum hat Adorno mitunter leichtes Spiel mit ihm.

Die Dekadenz wird so lange in unserer dichterischen und auch in unserer
kritischen Arbeit fortbestehen, bis das Problem der Irrationalität auf eine Weise
gestellt und beschrieben wird, die zuallererst einmal verhindert, daß man weiterhin fälschlicherweise Irrationalität mit der Irrationalität der dekadenten Literatur gleichsetzt.

Ich übersetze in diesen Tagen gerade die *Orestie* des Aischylos, und wissen Sie, verehrte Herausgeberin, welcher Moment in mir das tiefste und umfas-
sendste Gefühl auslöste? Das Ende der *Eumeniden*, als Athene die Flüche in
Segnungen verwandelt und sie doch ganz und gar das sein läßt, was sie sind,
nämlich irrationale Kräfte. Wir brauchen offenbar eine Athene...

Wie eine kleine, auswendig gelernte Lektion habe ich Ihnen hier eine
Zusammenfassung der Thesen von »Officina« vorgelegt, aber ich muß noch
hinzufügen: »Officina« *Serie Eins*. Es gab nämlich noch eine zweite Serie der
»Officina«, die zwei Nummern umfaßte. In dieser zweiten Serie haben wir zwar
unsere kritische, marxistische Absicht vertieft (der erste Abschnitt der Zeitschrift trug den Titel: »Das neue Engagement«), aber wir wollten auch ein
neues Problem stellen: das Problem der Methode. Daraus wurde nichts: wegen
des jähen Ablebens. Trotzdem glaube ich, daß dieses Problem, wenigstens
privat, das Hauptproblem der Redaktionsmitglieder von »Officina« bleiben
wird; meines sicherlich.

Die marxistische Kritik und die Irrationalität

Im Mittelpunkt dieses neuen Problems steht immer noch das Moment der Irrationalität: Die marxistische Kritik ist nämlich unfähig, gerade das individuelle Moment eines Kunstwerks zu definieren (in seiner Allgemeinheit bestimmt sie es dagegen vollkommen ausreichend), weil ihr methodische Instrumente für eine Lektüre fehlen, die aus der zum Stil geronnenen Irrationalität einen greifbaren, oder wenigstens terminologisch definierbaren Gegenstand machen könnte. Ein Beispiel dafür ist das neue Buch von Carlo Salinari (*Miti e coscienza del decadentismo italiano*, Feltrinelli 1960): Hier werden die Autoren zwar perfekt als Typen, nicht aber als Autoren erfaßt. Salinari weiß genau um die Schwierigkeiten einer solchen Arbeit und bezieht sich daher auf ein »Gesetz der kurzen Perioden« (in denen die wirtschaftlich-gesellschaftliche Achse nicht mehr, wie in den »langen Perioden«, vollkommen mit der ästhetischen Achse zusammenfällt). Im Fall einer individuellen, poetischen Lebensgeschichte, mit all den Komplikationen und Zufälligkeiten, die sie im Verhältnis zur wirtschaftlich-politisch-kulturellen Linie des geschichtlichen Abschnitts aufweist, sind diese Perioden dann »sehr kurz«. Um die Zusammenhänge so wenig mechanisch wie möglich werden zu lassen, bezieht Salinari sich mit Gramsci auch auf die Vermittlerfunktion, die intellektuelle Gruppen zwischen dem Individuum und der historischen Epoche oder der wirtschaftlichen Situation einnehmen können.

All dem aber widerspricht die plumpe Vorstellung, die Salinari von den sprachlichen Daten hat: Mit der typischen Berührungsangst der Führungskraft verlegt er sein Vertrauen rundheraus in die »Bedeutungen« und zitiert zum Beispiel, als Beleg, Passagen von D'Annunzio, in denen der buchstäbliche, semantische Wert, nicht aber ihr Klang, ihre Eigenheiten, ihre unbedeutende oder auch bedeutende Phonetik und die (meistens idiotische, deswegen aber nicht weniger wirksame) Ausweitung ihrer Semantik das einzige ist, was zählt. Und darum bleiben die Belege ungenau und wirken gezwungen. Salinari lehnt Spitzer von vornherein ab: Und das rächt sich. Die einzige Terminologie, mit der man die aus dem Kontext gerissenen Syntagmen (belebte Präpositionen, retardierende Elemente usw., usw.) in ihrer wahren Bedeutung unter Laborbedingungen aneinander ausrichten kann, ist die Terminologie der Stilkritik. Als Philosophie des Stils ist sie natürlich ein Produkt der agnostischen und einseitigen literarischen Dekadenz. (Es spricht nur eine einzige gesellschaftliche Klasse, und zwar mit pastoralen, paternalistischen, amüsierten und religiösen Anleihen bei den Idiomen der unteren Klassen. Weiter gehört dazu ein Begriff von psychologischer, also sprachlicher Pathologie als ein absolutes, unveränderliches – also übergeschichtliches – Faktum.) Und trotzdem ist sie bis jetzt die einzige exakte Terminologie, mit deren Hilfe man die andernfalls ungreifbaren, irrationalen Daten wenigstens katalogisieren kann.

Und damit wären wir wieder bei der Anrufung Athenes angekommen. Die irrationalistischen Elemente der Stilkritik in Instrumente umformen, die sich für die rationalen Untersuchungen der marxistischen Kritik eignen... Ein zweitrangiges Problemchen: aber außerordentlich bedeutsam. Meiner Meinung nach, von wegen Athene!, entfesseln sich heutzutage wieder die Erynnien: Erynnien mit den Gesichtszügen der dürftigsten Kritiker des Novecento... Die Entspannung macht die Kommunisten etwas zu verständnisvoll und nachgiebig: »Officina« und andere, vergleichbar geringfügige Unternehmungen sind tot: Der Nation stehen Jahrzehnte konformistischen und klerikalen Lebens bevor... Die stilistische Reaktion marschiert; es entsteht die Neo-Dekadenz...

»Ulisse«, XIII, 38, Florenz, September 1960

---

1 ▷ *Francesco Leonetti:* geb. 1924. Schriftsteller. Gründete zusammen mit Roversi und Pasolini die Zeitschrift »Officina«.

2 ▷ *Roberto Roversi:* geb. 1923. Lyriker und Erzähler. Mitherausgeber der »Officina«.

3 ▷ *»Officina«:* 1955 von Leonetti, Roversi und Pasolini gegründete Literaturzeitschrift, die bis 1959 erschien. Von den politischen Ideen Gramscis inspiriert, setzte sie sich gegen den Hermetismus, aber auch gegen eine für überholt gehaltene Ausdrucksform des politischen Engagements im Sinne des Neorealismus ab. Mitarbeiter u. a. Moravia, Gadda, Volponi, Calvino, Ungaretti. Publizierte experimentelle Formen, die die Tradition der Neo-Avantgarde begründeten (Sanguineti).

LEBENDIGE LEICHEN

ALBERTO MORAVIAS »LA NOIA«

Moravia – *in camera charitatis* – rät mir häufig vom Gebrauch einer »niederen« Sprache in meinen Romanen ab. Und dennoch verfährt er im Grunde genauso wie ich. Auch er vollzieht nämlich eine Regression bis hinein in die Seele eines Sprechenden mit einem geringeren Bildungsgrad als dem seinen, und er übernimmt dessen Gewohnheiten, dessen Charakter, dessen Psychologie und Sprache, so daß die Welt des Romans dann immer »wie gesehen von . . .« erscheint.

Dieses Verfahren der Regression zwang mich, der ich meine Gestalten bis jetzt im römischen Lumpenproletariat ausgesucht habe, zum Gebrauch des Dialekts, den diese Gestalten sprechen. Ich (man verzeihe mir das unbescheidene Beharren auf diesem Vergleich, aber ich brauche ihn für meine Argumentation) habe jedoch einen erklärten Anspruch auf realistische »Objektivität«: Meine – marxistische – Ideologie garantiert mir nämlich die wirkliche Existenz der Welt, ihrer Probleme und ihrer Figuren. Darum benutze ich, nach klassischer Regel, das Personalpronomen »er« und nicht das Personalpronomen »ich«, um meine Figur zu bezeichnen. Ich stelle also eine grundsätzliche verifizierbare Hypothese über die Gewißheit ihrer Existenz auf.

Auf der Linie Vergas (aber offenbar auch unter dem Einfluß von Joyce und Gadda) entsteht so bei mir der »innere Monolog« oder die »freie, indirekte Rede«: Im Grunde spricht in meinen Büchern ein Er-ich, und zwar indirekt, nicht direkt. Das heißt, ich glaube an das reale Vorhandensein meiner Gestalt, Tommaso Puzzilli: daher *er*. Aber um ihn sprechen, leben, konkret existieren zu lassen, verwandle ich mich, regredierend, in ihn, bis zu einer *Mimesis*, die fast schon physische Identifikation ist: daher *ich*.

Moravia dagegen verwendet ausschließlich und ohne Kompromisse das »Ich«. Hierin liegt ein gewisses Mißtrauen gegenüber der Wirklichkeit, das idealistische und relativistische Züge trägt. Nur ein »Ich« kann diese Wirklichkeit persönlich bezeugen: Alles andere ist pure Mutmaßung.

Mit Alberto Moravia
◁ im Ristorante Mastino, Fregene, 1968

Das »Ich« Moravias ist jedoch nicht das »Ich« Prousts. Es ist nicht der
Autor, sondern seine Figur: also im Grunde doch ein Ich-er. Moravias Weltanschauung hat sich nämlich, auch wenn sie, wie ich sagte, idealistischer und
relativistischer Herkunft ist, auch die marxistische Diagnostik einverleibt. Und
auf deren kritischem Geist gründen recht große Chancen für Objektivität.

In *La noia* regrediert Moravia nur wenig. Viele psychologische oder – in der
Bedeutung, die die Ethnologen diesem Adjektiv verleihen – kulturelle Züge, die
typisch für Moravia sind, bestehen jedenfalls in Dino, seiner Romanfigur, weiter,
ja, überdies manch entfernt biographisches Merkmal. Wie auch immer: Wir
befinden uns auf einem Niveau, das demjenigen des Autors äußerst nahe kommt.
Ich würde daher sagen, daß Dino ein Moravia ist, der Marx nicht kennt.

Obwohl bei vergleichbarer Intelligenz – psychologisch und vor allem kulturell – weniger explizit und umfassend, ist Dino in anderen Dingen doch fast
sein Zwilling. Aber das ist unwichtig. Wenn überhaupt eine Regression stattfindet, bleibt das Verfahren, ob der Sprung auf ein anderes Niveau nun minimal
oder sehr groß ist, im Grunde doch das gleiche.

Wenn er in seine, ihm unterlegene Figur schlüpft, dann tritt Moravia in das
Bürgertum ein, dessen »typisches« Produkt diese Figur ist: das römische Bür-
gertum, das sich mit Immobilienspekulationen bereichert hat, das Häuser und
Ländereien besitzt und das in seinen Spitzen weitläufig mit den Ablegern des
Vatikan-Adels verwandt ist. Ein abscheuliches Panorama, wie man sieht. In
der Tat drückt der ganze Roman einen tiefen, ich würde sagen, theologischen
Haß aus, der um so stärker hervortritt, als er sich mit der Leichtigkeit des
Tones ausdrückt, die den glasklaren und überaus einfachen Stil Moravias kenn-
zeichnet.

Hier muß eine erste Anmerkung gemacht werden: Denn dieser wunderbare Roman hat seine Schwachstellen ausgerechnet am Anfang und am Ende.

Dies die Anmerkung: Moravia hat beschlossen, sich das – im jeweiligen
Fall entweder ideologische oder einfach nur essayistische – Element der Struktur, ohne das ein Kunstwerk unvorstellbar wäre, direkt und ausdrücklich vorzu-
nehmen. Es ist daher stets das »Ich« des Erzählers und Protagonisten, das die
ideologischen oder essayistischen »Abstraktionen«, die sich aus den Fakten
ergeben oder diese vorbereiten, selber entweder resümiert oder vorwegnimmt:
»Abstraktionen«, die dem Ton der Erzählung sofort etwas Moralistisches verleihen (wenn ich »moralistisch« sage, beziehe ich mich, das versteht sich, auf die
großen französischen Moralisten, deren Tradition Moravia – der in seiner Kindheit als erste Sprache Französisch lernte – sich als einziger Schriftsteller Italiens
in seiner Arbeit verpflichtet fühlt. Selbstverständlich spreche ich von »moralistisch« nicht in der Bedeutung, die man zum Beispiel auf Cassola anwenden
könnte, der auch von *La noia* nichts verstanden hat, eben weil sein kleinbürger-
licher und katholischer Moralismus ihm den Blick trübt.)

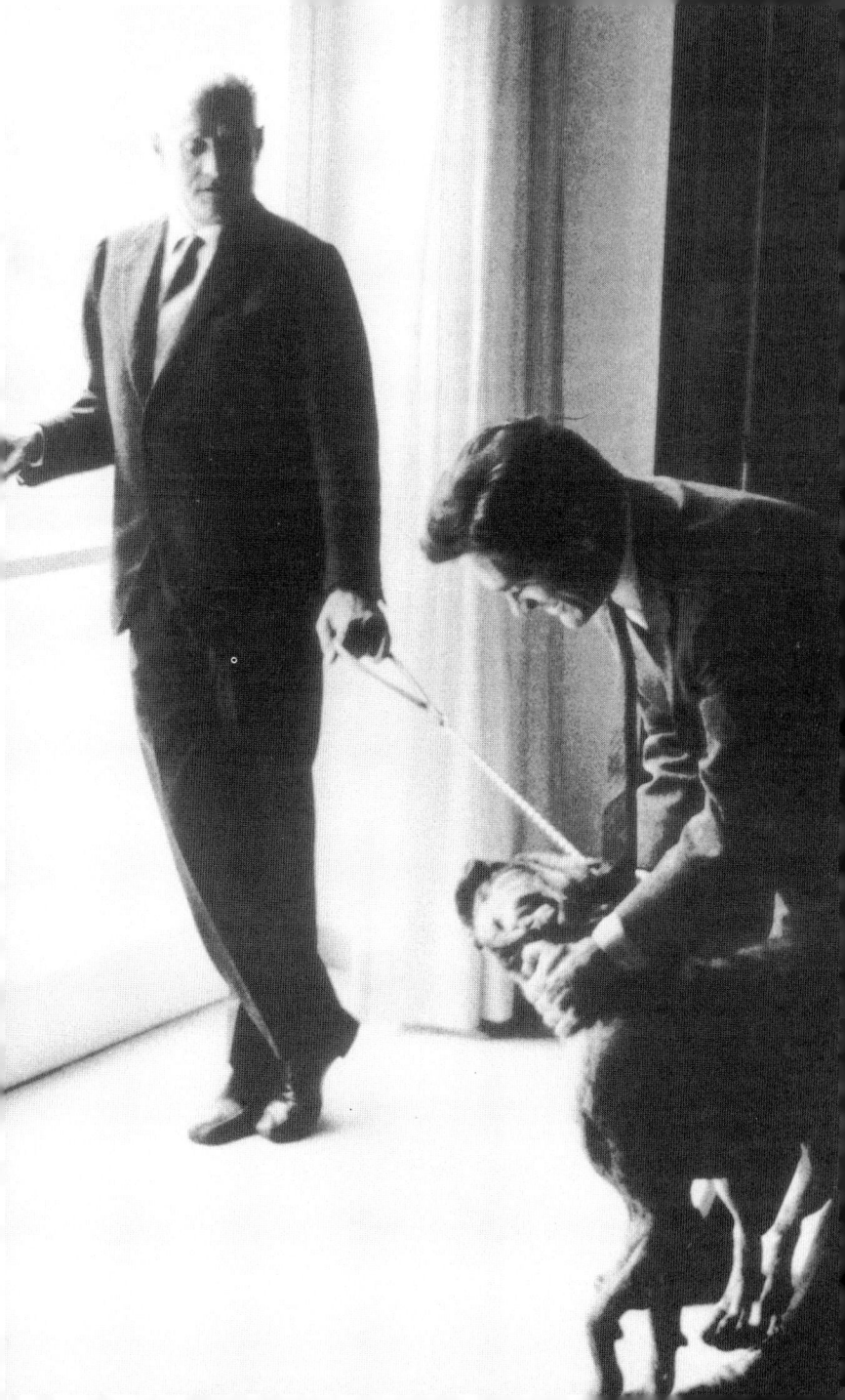

Nach der Präsentation von ›Accatone‹ bei den Filmfestspielen in Venedig am 31. August 1961;
von links: Luigi Repaci, Alberto Moravia, PPP, Giorgio Piovene

Auf diese Weise wird die Erzählung Moravias also mit Absicht ständig unter
brochen, um dann zu solchen »Abstraktionen« zu gerinnen: Ja, sie beginnt
sogar mit einem Prolog, der ganz und gar aus einer solchen moralistischen
»Abstraktion« besteht, und der die – allgemeinen und besonderen – ideologischen Grundfesten des Buches errichten soll. Nun liegt der Fehler hierin:
Wenn Moravia – in der ersten oder dritten Person oder in einer Mischung aus
beiden – eine Figur, die sich auf einem sehr viel niedrigeren Bildungsniveau als
dem seinen befindet, über das Problem einer Angstneurose hätte sprechen
lassen, an der ein Reicher leidet, weil er einen Komplex wegen seines kalten
Reichtums hat, dann hätte er dies in einer sprachlich absolut phantastischen
Form tun können. Denn es hätte sehr viel sprachlichen Erfindungsreichtums
bedurft, um diese Dinge – die für ihn, den »gebildeten« Autor, vertraut und
prosaisch sind – von einer Figur aussprechen zu lassen, die dagegen überhaupt
nichts von ihnen weiß oder sie mit Hilfe unmittelbar lebenspraktischer Erfahrung instinktiv ahnt, und daher gezwungen ist, sich eine ganze neue Terminologie, eine ununterbrochene Reihe von Metaphern auszudenken.

Wenn er all diese Dinge statt dessen – wie eben tatsächlich der Fall – von
einer Figur sagen läßt, deren Bildungsniveau nur wenig unterhalb des seinen
liegt, dann verhält sich alles anders: Es ist dann nicht mehr zulässig, daß diese

PPP, Moravia und der Kritiker Paolo Milano, Rom, 1965

Person die Psychoanalyse oder – wenigstens vom Hörensagen – den Marxismus nicht kennt. Dinos Bericht über seine Verwirrungen oder seine seelischen Ängste müßte sich darum spürbar demjenigen des Autors annähern.

Moravia ist dieser Schwierigkeit (der übergroßen Nähe seiner Sprache zur Sprache seiner Romanfigur) ausgewichen, indem er den einführenden, essayistischen Seiten – und dann später immer dort, wo der Essayismus explizit wiederauftaucht – einen scherzhaften, amüsierten Ton verleiht, einen Ton, den die Sprachforscher »lebendig« nennen – ohne sich doch jemals zu wirklicher Ausdruckskraft aufzuschwingen.

Darum (und nicht aus den Gründen, die reaktionäre und populistische Kritiker anführen) sind der essayistische Teil des Prologs und die essayistischen Abschnitte, die den Faden der Erzählung ständig unterbrechen, schwach. Der eigentliche Punkt ist doch dieser: Wenn der offenbare ideologische Gehalt des Buches ein lebendiges, ein geradezu dem Stil des *divertissement* verpflichtetes Moralisieren über eine pathologische, amouröse Fallgeschichte ist, dann ist der wirkliche ideologische Gehalt (der implizite, denn der ideologische Gehalt eines Kunstwerks muß implizit sein) dagegen die mitleidlose Kritik an jenem Bürgertum, das solche Fallgeschichten hervorbringt.

Moravia hat sich meiner Ansicht nach übertrieben auf sein mimetisches Spiel
versteift: Er argumentiert und er faselt mit seiner Figur, oder vielmehr mit
jenem Teil von sich, der »in« der bürgerlichen Welt lebt und sie von dort aus
betrachtet.

Dieser ständige Einbruch einer absurden Logik, die jedes Geschehnis und
jedes Gefühl fixiert, katalogisiert und versteinert, bewirkt, daß der Roman
durch und durch von einem entsetzlichen Leichengeruch erfüllt wird. Die
Figuren sind wie Versuchstiere, an denen Moravia mit Lupe und Seziermesser
arbeitet, um das Leiden zu diagnostizieren, das ihren Tod verursacht hat. Die
Unausweichlichkeit, mit der dieses Leiden fortschreiten mußte, verkündet er
dann *a posteriori* – mit dem Vergnügen, das Tatsachen bereiten, deren Schicksalhaftigkeit so schön einleuchtend ist.

Genau darin besteht die Schönheit dieses Buches: in einem Sinngehalt
allgegenwärtigen Todes, allerdings nicht als »Atmosphäre« – denn dann wären
wir mitten im Dekadenz-Lyrismus –, sondern in einem auf ungeheuerliche
Weise geradezu wissenschaftlichen Tod, viel schrecklicher also. Denn natürlich
wird das Dichten immer ein lebenskräftiger und lebenerzeugender Vorgang
sein. Dieser Tod, der alles beherrscht, dieser psychologische und soziale Tod,
diese Reduktion der Figuren auf Versuchstiere, auf Leichen, ist daher im
Grunde prallvoll mit Leben. Man lese – und das sind die schönsten Seiten des
Buches – den Besuch Dinos im Haus Cecilias (diese Treppen, dieser Eingang,
diese Küche, dieser Salon mit seinen vergoldeten Möbeln und der abgerisse-
nen Tapete – dieses Klo!) und die Autofahrt Dinos und Cecilias nach Fregene.
Und dazu nehme man noch fast alle Stellen, die sich auf die Mutter und ihr
Dasein beziehen: Das alles sind äußerst lebensvolle Seiten, aber gerade weil
Figuren sie bevölkern, die kaum mehr als Leichen sind.

Warum sind Dino und Cecilia kaum mehr als Leichen? Weil sie beide
Neurotiker sind. Die Hemmungen und Behinderungen der Neurose haben sie
derart eingeschränkt, daß beide mehr oder weniger nur als Mechanismen weiterleben. Dino ist nur die Angst geblieben (er nennt sie poetisch Langeweile),
die er mit einer besessenen Sexualität auszutreiben versucht, Cecilia hat nichts
mehr als den Sex (ein an Krebs leidender Vater, für den sie in ihrer Kindheit
eine krankhafte Anziehung empfand, die sie seitdem traumatisiert; eine klein-
bürgerliche, vollkommen amoralische Mutter; ein mittlerer Lebensstandard,
ein Leben ohne Ideale, ohne Hoffnungen). Ansonsten ist Cecilia wie ein Echo
und tautologisch: das heißt, sie besitzt kein menschliches Leben; sie ist geradezu ein Ungeheuer.

Eine erotische Konstellation wie die in Moravias Buch beschriebene ist,
scheint mir, vollkommen neu. Es geht hier nämlich um die Beziehung zweier
schwer neurotischer Personen: Er steht kurz vor der Psychose und sie, wahrscheinlich, vor dem Verbrechen (wenn Cecilia jemanden umbrächte, würde

sich der Leser tatsächlich überhaupt nicht wundern; sie wäre ein Fall von vollkommenem Persönlichkeitszerfall). Die Beziehung zwischen diesen beiden Menschen ist also unlösbar, unerschöpflich, unmöglich und ohne Sinn.

Moravias großartiger Einfall bei diesem Buch war, die klassische Erscheinungsweise des Eros – man denke an Dido, an Angelica, an Manon . . . – in so eigentümliche, so pathologische Erscheinungsformen einzulassen. Ihnen fehlt nun wirklich alles Klassische, und sie gewähren dem Klassischen keinerlei Raum.

Und trotzdem finden wir in der Beziehung zwischen diesen beiden Schaben, diesen beiden Amöben, diesen beiden Verstümmelten – hier noch einmal bestätigt und aufs Neue bewährt – alle Merkmale der großen Fallgeschichten der Liebe, die mit großem Gefühl für das Neue ihrer verzweifelten und pathetischen Poesie dargestellt sind.

Hat man dann die letzten Sätze gelesen, verflachen und verblassen die »Abstraktionen«, das heißt, sie ordnen sich von selbst in eine andere Abteilung unserer Erfahrung, ins Schubfach der »Charaktere« ein. Was bleibt, ist dagegen der mächtige und düstere Naturalismus des Buches: diese Liebesgeschichte zwischen zwei von ihrer Krankheit bis auf die Knochen reduzierten und verarmten Wesen. Ein grausamer Mechanismus beherrscht sie und hat sie mitten in eine Welt gezerrt, die, eben weil »wie von ihnen gesehen« dargestellt, verwelkt und ohne jedes Leben erscheint.

Das Ende ist dann – ich wiederhole – wieder schwach. Moravia stellt sich vor, daß die Hauptfigur bei einem Selbstmordversuch jene Erschütterung erlebt, die die Ärzte mit einem Elektroschock erzielen, und daß sie daraufhin in einer Klinik jene Zeit der Ruhe genießt, die die Ärzte mit Insulin verordnen – und daß sie darum leise beginnt, wieder ein normales Verhältnis zur Wirklichkeit aufzunehmen, also auf dem Weg der Genesung ist.

Das ist unglaubwürdig, ich meine nicht medizinisch, sondern sozial. Moravia rettet Dino mit den Mitteln Dinos, nicht mit denen Moravias. Dinos Krankheit (und Dino weiß das nicht) ist eine soziale Krankheit (der Komplex, der, wie ich schon sagte, aus einem verdorrten und grausamen Reichtum erwächst, und der fraglos das Ideal der Selbsterhaltung ist). Und darum gibt es keine anderen Heilmittel für ihn als die rationalen und sozialen. Ein Bürgerlicher wie Dino (von Cecilia ganz zu schweigen) rettet sich nicht mit dem Instrumentarium derselben Welt, die sein Leiden oder auch die Entfremdung von sich selbst verursacht hat. Um sein ideologisches *divertissement* – oder die vorgeführte Ideologie – bis zur letzten Konsequenz durchhalten zu können, hat Moravia die eigene, reale Ideologie vernachlässigt. Sie bedeutet aber die totale und pessimistische Verdammung der bürgerlichen Welt Dinos.   *»L'illustrazione italiana«*, LXXXVIII, 1,
                                                                                    Mailand, Januar 1961

FABRIK UND WAHN

PAOLO VOLPONIS

»ICH, DER UNTERZEICHNETE«

C itatis Blick war, was bei ihm selten vorkommt, ausnahmsweise einmal getrübt, als er in der Zeitung »Giorno« über Volponi schrieb: »Die Stimme, die spricht, hat nicht immer die rechte Mischung gefunden, sie bleibt in der Mitte zwischen Albino Saluggia und Paolo Volponi stehen und trifft die eigene Physiognomie nicht. Und aus diesem Grund konnte sie ins Symbolische und ins Infantile, ins Grobschlächtige und ins Gekünstelte verfallen.«

Meiner Meinung nach hat, im Gegenteil, in diesen letzten Jahren kein anderer Romancier mit so großer Präzision, so großer Reinheit und so großer Kraft zur Enthüllung eine eigene Physiognomie für seine Stimme gefunden.

Denken Sie sich einen dieser Maler, die auf Glas malen, aber stellen Sie sich vor, daß dieser Glasmaler nun einen außergewöhnlichen Einfall gehabt hat: Eine dieser technischen Eingebungen, die so reich, so einfach und gewaltig sind, daß sie nicht nur den Urheber selbst, sondern auch uns nachfolgende Mitautoren seines Werks zur »Lust an der Technik« hinreißen.

Der ungewöhnliche Einfall ist folgender: Nicht nur auf einer, sondern auf zwei Glasplatten zu malen, und sie dann so übereinander zu legen, daß sie sich durch ihre Transparenz gegenseitig ergänzen und eine einzige Glasmalerei *auf zwei Schichten* bilden.

Die Art der Überlagerung kann ganz verschieden sein, wie immer, wenn es sich um eine freie Technik handelt. Wir könnten uns den Spaß machen, die beiden Platten zu trennen, und sehen, wie sie so, im Abstand voneinander, wirken. Wir würden dann erkennen, daß ihre Zweiteilung womöglich ihrerseits autonom ist. Die obere Platte ist eine eigenständige Sprache, die Sprache eines schwindsüchtigen Paranoikers (der vielleicht an Schwindsucht erkrankt ist, um sich selbst zu strafen), und die untere Platte eine zweite, ebenfalls eigenständige Sprache, die Sprache eines anspruchsvollen Dichters, der Volponi selbst sein könnte (oder ein anderer mit seinem Geschmack und seiner Bildung).

Diese Autonomie ist aber wahrscheinlich nur bruchstückweise gegeben: Einige Abschnitte der oberen Platte sind völlig selbständig, andere womöglich unvollständig, schlicht und einfach Anspielungen oder *pastiches* der Sprache des verfolgungssüchtigen Wahnsinnigen. Und dasselbe gilt für die untere Platte, die Platte mit der Sprache des Dichters.

Es gibt jedenfalls im ganzen *Unterzeichneten* keinen einzigen Moment, in dem diese beiden Schichten dem Leser nicht präsent wären. Sie durchscheinen einander auf eine Weise, die höchstes technisches Vergnügen an der Unterscheidung und der Verschmelzung bereiten kann. Im selben Moment, in dem ich, über diese phantastische sprachliche Mechanik ganz erregt, mit der hingebungsvollen Begeisterung des genießenden Lesers ausrufe: »Herrlich diese Neufassung einer pathologischen, partikularistischen, klinischen Sprache!«, kann ich gar nicht anders, als gleichzeitig auszurufen: »Herrlich, dieser elegische, post-pascolische, neo-experimentelle Passus!«

Ich habe hier auf meinem Schreibtisch, wo ich diesen enthusiastischen Bericht abfasse, einen Stapel Briefe von Memoirenschreiben liegen, die mich täglich verfolgen. Es sind verschrobene Schreibsüchtige, wie Citati sie nennt, Verfasser von pietistischen und erpresserischen Zetteln, in denen der Anakoluth mit der Übertreibung verschmilzt und der Grammatikfehler in Großbuchstaben erscheint. Greifen wir wahllos einen Angriff aus einem dieser Briefe heraus: »Lieber Genosse Pier Paolo Pasolini, auch ich bin ein armer Genosse, der von der Gesellschaft verstoßen und bei Regierungsstellen schlecht angesehen ist, alle Eingaben, die ich gemacht habe, sind mir immer abgelehnt worden . . . usw., usw.« Und jetzt nehmen wir den Angriff im Buch von Volponi: »Meine Leiden haben alle ein paar Monate nach meiner Rückkehr aus der deutschen Gefangenschaft begonnen, fast als ob der mütterliche Boden mich nach so langer und so grausamer Trennung abwiese . . .«

In diesen beiden – so weit voneinander entfernten, so abgrundtief verschiedenen – Abschnitten gibt es unendlich viele Gemeinsamkeiten, unter denen der psychologische Aspekt überwiegt: das Selbstmitleid, das sich zum Mythos macht; das kläglich gelebte Leben, das sich zum emphatischen Bewußtsein der eigenen Unwiederholbarkeit macht; kurzum, die Vorstellung, zwar verfolgt, glücklos und unglücklich zu sein, gleichzeitig aber im Mittelpunkt der Aufmerksamkeit aller Welt zu stehen. Eine solche psychotische Form von Narzißmus verleiht der wirklichen Welt ringsum kafkaeske Züge, eine surreale Feindseligkeit: die »Regierungsstellen, die alle Eingaben ablehnen« bei meinem Briefschreiber, der »mütterliche Boden, der abweist« bei Volponi. In stilistischer Hinsicht bewirkt solch irrsinnige, solch erbärmlich narzißtische Psychologie hauptsächlich eine naive Ausweitung der Bedeutungen, einen gesteigerten Nachdruck. Er ist der Tribut, den der Ungehobelte, der Ungebildete an die hohe Kultur zahlen muß, der er die sprachlichen Geheimnisse zu entreißen versucht wie ein Dieb, um sich diesen Diebstahl dann mit einem verschwenderischen Gebrauch der rhetorischsten Begriffe nachsehen zu lassen.

Seiner Meinung nach sind sie ja der herrschenden Klasse, die im Besitz der gebildeten, der poetischen oder bürokratischen Hochsprache ist, die liebsten.

Man sehe sich den Ausdruck »Regierungsstellen« bei meinem Briefschreiber und den »mütterlichen Boden« bei Volponi an.

Hier entsteht eine »Vagheit«, ein unvorhergesehener Reichtum – bei Worten, deren ungenauer und schüchterner Gebrauch (und deren kafkaesker Bedeutungsgehalt) schon an sich, einfach nur als Rohmaterial, poetisch wirkt.

Volponi hatte die großartige Eingebung, mit diesem natürlichen poetischen Charakter des Schreibsüchtigen aus der Unterklasse, der eine Sprache gebraucht, die nicht die seine ist, die er aus im Krankenhaus oder im Gefängnis gelesenen Büchern gelernt hat, zu arbeiten; und dann über diesen poetischen Charakter seine eigene Poetizität zu legen – und zwar, um es noch einmal zu sagen, in einer hellsichtigen, heiteren und außergewöhnlichen Weise. Volponis eigener – auf seine Art auch natürlicher – poetischer Charakter ist aber der eines gebildeten Dichters, der die besten Lyriker des Novecento bis Bertolucci und über ihn hinaus gelesen hat.

Ich sage dies, weil Sie in den beiden oben zitierten Sätzen – dem Angriff aus dem Brief meines Bittstellers und dem Angriff aus dem Buch Volponis – eine Welle der Sympathie verspürt haben werden: die Sympathie des Volkes, des Mannes aus dem Volk. Das liegt daran, daß das, was hassenswert ist an jeder degenerierten und faulenden Psychologie, an jeder krankhaften Mythologisierung des Selbst, eigentlich doch auf einer grundsätzlichen Gesundheit basiert, die ihr jeden klinischen oder sozialen Partikularismus nimmt, und ihr objektiv die Möglichkeit der Poetisierung oder auch der Universalität gibt.

Dieser großartige sprachliche Einfall Volponis birgt einen ebenso großartigen strukturellen und ideologischen Einfall (oder umgekehrt, das macht keinen Unterschied). Gegenstand seines Buches ist nämlich eine Fabrik im neokapitalistischen Norden: die Entfremdung also. Furchtbar langweilige Angelegenheit, eine Art Phönix aus der Asche, der, wie auch eine von Calvino und Vittorini herausgegebene Nummer des »Menabò«[1] zum Thema »Literatur und Industrie« gezeigt hat, vollkommen unproduktiv schien: untauglich für jede Art von Poetisierung.

Wehe, man spricht dort von Entfremdung, wo die Entfremdung zu Hause ist. Vollkommen klar, daß hier erst recht von etwas anderem die Rede sein muß. Von Entfremdung zu sprechen, ist, im Gegensatz zu dem, was man in Mailand oder in Turin glauben machen will, durchaus kein strengeres Gebot, als von irgendwelchen anderen Dingen zu sprechen, die uns Bürger alle angehen! *Indessen:* Mit seiner Herangehensweise an das Thema hat Volponi sofort rundheraus jede Gefahr der Langeweile ausgeschlossen. So wie er nämlich – auf den beiden erwähnten, übereinandergeschichteten und sich ergänzenden Platten – Dichtung auf Dichtung legt, darf er zunächst einmal ein wenig mit der Dichtung scherzen. Ein Hauch von Witz durchzieht alle Seiten dieses besessenen, sanften, halbgebildeten Schreibwütigen; und gerät fortwährend zu kleinen Explosionen, kleinen poetischen Knoten, winzigen Spracherfindungen voller Vitalität, die die Poesie immer dann besitzt, wenn sie in den richtigen Bahnen läuft. Sehen Sie sich zum Beispiel alle Namen und Nachname der Figuren an, oder ihre persönlichen »gags«: dieser Humor entspringt doch der blühenden poetischen Gesundheit und sprachlichen Euphorie desjenigen, der das eigene Sprachmaterial vollkommen beherrscht und einen unfehlbaren Schlüssel besitzt.

Abgesehen von dieser poetischen Anmut aber wird das Thema der Entfremdung hier so einleuchtend und so klar wie nie zuvor in unserer Literatur und in unserer Kultur, und das liegt eben daran, daß es auf zwei Ebenen erzählt wird. Der entstehende Resonanzboden bewirkt diese ständige Verdoppelung, diese dauernde Komplikation und den zweifachen Sinn der Wortbedeutungen, ohne die man einen an sich unliterarischen und unpoetischen Gegenstand wie das Fabrikleben unmöglich behandeln kann. Die Entfremdung, von der hier die Rede ist, ist nämlich die Entfremdung eines bereits Entfremdeten, eines Verwirrten. Darum vervielfältigt sich alles, und indem es sich mit fast barocker Fülle – mit elegisch barocker Fülle – vervielfacht, wird es offensichtlich. Das langweilige Fabrikleben eines langweiligen, anständigen, kommunistischen Arbeiters ist hier die phantastische Wahnvorstellung einer Fabrik, die ein phantastisches, an sich schon besessenes Wesen sich macht, denn: erstens ist er in Frankreich, in Avignon, geboren, und darum zum Teil fremde Abstammung, fremdsprachig und anomal; zweitens ist er ein aus Krieg und Gefangenschaft Zurückkehrender, und darum schon nicht mehr ganz gesund, ein anderer, unterschieden und abweichend; drittens ist er paranoid – und hier ist jeder Kommentar überflüssig – ; viertens schwankt er sexuell zwischen sentimentalen Freundschaftsgefühlen gegenüber »gesunden und normalen« Männern und einem kindischen Rigorismus, der ihn von Frauen entfernt (ich erinnere an die wunderbare Szene, wo unser armer Saluggia auf dem Piemonteser Schnee sogar zum Voyeur wird, der ein Pärchen unter einer Brücke beobachtet); fünftens ist er schwindsüchtig und damit endgültig vom Rest der Menschheit unterschieden und abgeschnitten.

Die Fabrik wird also von einem solchen Ungeheuer gesehen, einem Ungeheuer, das, wie alle Ungeheuer, eigentlich ein bescheidener Mann mit einem ganz normalen Verhältnis zur Arbeit ist, einem, der allen anderen auf ganz banale Weise gleicht, ein Geschöpf wie die anderen, das sich mit denselben Problemen herumschlägt wie alle anderen. Auf dieser grundsätzlichen Gleichheit, ich würde sie anthropologisch nennen, gründet dann die Berechtigung seines klinischen Partikularismus und entsprechend seine abnorme Sicht der Fabrik.

Präsentation von ›Mamma Roma‹ bei den Filmfestspielen in Venedig, 1962:
Adriana Asti, PPP, Paolo Volponi

Der Dichter in Volponi, der seinen armen Albino soziologisch, psychologisch und sprachlich beherrscht, hat sich mit unstillbarer Gier auf alle Richtungen geworfen, in die sich die Abnormität seiner Figur entwickelt. Mitunter häuft er soviele existentielle Details auf eine der vielen Ambiguitäten in Albinos Leben (Albino der Paranoiker, Albino der Soldat, Albino der unbewußte Homosexuelle, Albino der Schreibwütige, Albino der Verseschmied, Albino der Sohn, Albino der Arbeiter, usw. usw.), daß es an manchen Stellen zum *trop-plein* kommt. Aber es handelt sich eher um vorübergehende Stockungen jener Fülle, jenes Reichtums und jener sprachlichen Euphorie, von der ich anfangs sprach. Und außerdem garantiert die wesentlich elegische Natur dieses Schriftstellers genügend Klarheit.

Nun geht es uns aber genau um diesen grundsätzlich elegischen Charakter des Herzens Volponis. Wir wollen sehen: Zunächst ist es diese geradezu apriorisch poetische, elegische Haltung, die Volponi davon abhält, den kafkaesken, Swift'schen, schwarzen Humor zu übertreiben. Das würde nämlich einen gewaltigen Zusammenstoß zwischen dem schwindsüchtigen, verrückten Schreibwütigen und dem sozialen Leben der Fabrik auslösen. Einen Zusammenstoß, der alle Beziehungen durcheinandergebracht und alles auf die Ebene bloß komischer Deformation mit einem Bodensatz von Grausamkeit und theologischem Haß verlagert hätte (hier haben wir, nebenbei gesagt, eine andere Form,

in der man von Entfremdung sprechen kann). Außerdem: Es ist tatsächlich
seine elegische Seele, die Volponi am gefährlichen Spiel der *Mimesis* hindert,
am tödlichen Spiel, bei dem der Autor nur als Schöpfer des Stils überlebt, alles
andere, was er ist, aber in seiner Figur abstirbt und auf das Sprachniveau dieser
Figur absinkt, indem es ihr wie ein Krebsgeschwür des Ausdrucks in den
Körper dringt. Und hier haben wir auch den Grund für die *beiden übereinan-*
dergeschichteten Platten, von denen ich sprach: Statt Imitation das totale
sprachliche *pastiche.* Wenngleich im Stil von Memoiren gehalten, ist die Sprache des inneren Monologs des Saluggia doch auch gleichzeitig die poetische
Sprache Volponis: ein eher einzigartiger als seltener Fall von Zusammenleben
zweier Sprachen, eine große dichterische Freiheit, die erlaubt, die Sprache der
Romanfigur in fast selbstverständlicher und scherzhaft phantastischer Weise
mit den entsprechenden Elementen der Sprache des Dichters zusammenfallen
zu lassen. Zuletzt: Es ist eben die elegische Seele Volponis, die das erdachte
Schicksal seiner Figur in einem düster und umfassend pessimistischen Sinn
prägt. Denn die sanften Menschen fürchten den Tod am meisten, und Volponi
ist einer von ihnen. Albino Saluggia wird ideell zwischen zwei entgegengesetzten Polen hin- und hergerissen: zwischen der Fabrik und dem See, an dessen
Ufer er mit der Mutter in einem kleinen Haus lebt. Die Fabrik und der See
werden allmählich unmerklich zu zwei Symbolen, zwei Konstellationen. Wenn
Albino Saluggia sich am Ende des Buches in einer ursprünglich-volkstümlichen
Kraftentfaltung (die, wie ich anfangs sagte, hinter all den finsteren und abstoßenden Verrücktheiten steckt, die den armen Helden mitunter befallen) gegen
die Polizisten auf die Seite der Streikenden stellt, dann nur für einen Augenblick. Danach kehrt er sofort wieder in die Stille am See zurück, wo er allein ist
und niemand ihm helfen kann. Elegisches Ende einer Thematik, die durch
tausend Verästelungen, tausend Verweigerungen hindurch eine marxistische
Thematik ist. Seite für Seite müßte man jenem Zug volkstümlicher Sympathie
nachgehen, der die zügellosen, lächerlichen und aufgeblähten Ausschweifun-
gen dieses Arbeiters bei Olivetti miteinander verbindet. Und hier macht Volponi keinen einzigen Fehler. Auch hier beherrscht er, mit der gewohnten,
allerreinsten, sprachlichen Anmut, die psychologische Materie. Nur am Ende
gibt er sich selbst nach und zwingt dem Material seinen Willen, seinen Instinkt
auf. Das Leben der Beziehungen ist etwas, das sich entwickeln kann, wo es
Hoffnungen und Taten geben darf. Aber das Innenleben? Diese grausame Innerlichkeit, in der die Entfremdung ihren existentiellen, gegenständlichen Nie-
derschlag, ihre Brandgeschwüre hat? Dort nicht, dort »kann keiner helfen«. Hat
der elegische Marxist Volponi recht oder unrecht?   *»Paese Sera«, Rom, 13. April 1962*

---

1 ▷   *»Il Menabò«:* (übersetzt etwa: Layout). 1959 von Elio Vittorini und Italo Calvino gegründete Litera-
         turzeitschrift, die wichtige Texte zeitgenössischer Autoren publizierte und in der Auseinandersetzun-
         gen über die Rolle der Literatur in der Gesellschaft stattfanden.

EIN PASSUS BEI GADDA

Als ich die in den letzten Monaten erschienenen Neuauflagen Gaddas las, hatte ich mir schon einige neue Ideen über Gadda gemacht. Ich kann daher nicht beschwören, daß ich bei der Auswahl dieses zu diskutierenden Passus unparteiisch war oder daß die Stelle zufällig ist. Mit Sicherheit ist es, wie der Leser selbst wird feststellen können, kein außergewöhnlicher Passus, das ist wahr. Im Gegenteil, er ist derart durchschnittlich, derart zurückhaltend, daß er eine der farblosesten Textproben aus Gaddas Werk zu sein scheint, die man nur aussuchen konnte. Hier der Passus:

»Als ein jüdischer Professor, der in Pastrufazio über Mathematik las, ihm mit Hilfe von Zahlen bewiesen hatte, wieso es den Katzen, so hoch sie auch herunterfallen mochten, immer gelingt, mit den vier Pfoten unbeschädigt auf den Boden aufzukommen, was eine bewundernswerte gymnastische Anwendung der Impuls-Theorie ist, warf er mehrmals einen schönen Kater aus dem zweiten Stock der Villa, aus Neugier, um die Theorie auszuprobieren. Und das Vieh lieferte ihm, beim Landen, tatsächlich den gewünschten Beweis, jedesmal, jedesmal! wie ein Gedankengang, der durch wechselvolles Geschick nichts von seinem Ewigkeitswert verliert, aber was den Kater betraf, so starb er bald darauf, mit von unwiderruflicher Trauer verschleierten Augen, trübselig geworden durch die Schmach. Denn jede Schmach ist Tod.«

Obwohl er keinen einzigen der ausdrucksvollen Zeilenanfänge aufweist, die dem Schriftbild jenes abnorme, zuckende Profil verleihen, dessen sich mittlerweile auch die bescheidensten Kritiker Gaddas geschickt und kenntnisreich zu bedienen verstehen, enthält dieser Passus doch in Wahrheit fast alle Merkmale des Gadda'schen Stils. Ich will hier nicht einen jener deskriptiven Berichte abgeben, die, ich wiederhole, inzwischen auch Gymnasiallehrerinnen zusammenzubasteln wüßten: etwa so, als ob die Beschreibung, in Anbetracht der Außergewöhnlichkeit des beschriebenen Produktes, an sich schon, ontologisch, ein Urteil wäre.

Anhand einer Pseudo-Beschreibung der stilistischen Verfahren dieses Passus möchte ich mich fragen, was mich so an ihm interessiert. Ich liebte und liebe Gadda sehr. Ich möchte die wahren Gründe dieser Liebe analysieren.

Der erste Abschnitt des Passus ist der längste, und er enthält, mit, ich wiederhole, sehr zurückhaltenden, fast anonymen Tönen: 1) Die Idee der Prosa als Erneuerung eine anderen Prosa, das *pastiche*. Wir haben es hier mit der *Mimesis* einer lateinisch-ciceronischen Periode zu tun: ein langer Kausal- oder Temporalsatz – das *cum* mit Konjunktiv, übersetzt als ein Gerundium in der Vergangenheitsform, dem ein zweiter Kausalsatz mit *in* und dem Infinitiv folgt. Weiter eine indirekte Rede und ein eingeschobener Nebensatz. Alle drei Nebensätze sind außerdem in der Mitte, wie mit einer Krone, oder am Ende, wie mit einer Schleppe, mit dieser schönen Klammer ausgestattet. 2) Die Idee, daß eine bestimmte Prosa keine Erneuerung einer anderen Prosa sein kann, ohne die Merkmale einer dritten, vermittelnden Prosa anzunehmen: Zwar kann das ciceronische Latein hier nachgeahmt werden, aber nur unter der Bedingung, daß es sich der erneuernden Formen der Renaissance oder des Humanismus bedient: »nel legger matematiche« (»der über Mathematik las«), »di qualunque doccia cadendo« (»so hoch sie auch herunterfallen mochten«) usw. ... 3) Die Idee, daß eine derart beschaffene Prosa (Erneuerung einer anderen Prosa vermittels des ironischen Filters einer dritten Prosa) ohne allerstrengste, philologisch extreme Begrenzungen nicht standhält: Sie sind dann auch der Gymnasiallehrerin unverständlich, wie zum Beispiel die in einem ungewöhnlichen etymologischen Sinn gebrauchten Worte (hier: »doccia«); sowie gleichzeitig die Idee, daß eine solche Prosa aber auch nicht standhält, wenn man sie nicht innerhalb niedriger Grenzwerte »anbietet«, die ausreichen, Gaddas Vorlieben mit denjenigen irgendeines beliebigen, gebildeten Lesers zu versöhnen, einer anständigen Fachkraft zum Beispiel, die ein wenig *latinorum* beherrscht (vielleicht mit einem ganz ganz leichten Beigeschmack von Karikatur) (hier: »... was eine bewunderswerte gymnastische Anwendung der Impuls-Theorie ist«): Und das ist die einzige *captatio benevolentiae*, die Gadda sich mitunter gestattet – wie ich glaube, ohne es zu wissen, und ohne bewußte Wut oder bewußte Ironie.

4) Die Idee, daß Komik in der Mehrzahl der Fälle nicht entstehen kann, wenn sie nicht zurückgehalten, aufgeschoben, an den Schluß gesetzt wird: Es ist das Verfahren, das die Stilkritiker, glaube ich, »Retardierung« nennen (von Spitzer bei Proust untersucht), und das auch das Schema der Sonette Bellis ist, wo die Komik, von Aufschub zu Aufschub, schließlich im 14. Vers hinreißend explodiert. In unserem Beispiel haben wir die vier Nebensätze mit ihren jeweiligen Parenthesen und Einschüben, die in aller Seelenruhe aufschieben, aufschieben, daß man den Atem anhält, bis es schließlich mit dem: »warf er mehrmals einen schönen Kater aus dem zweiten Stock der Villa« zur komischen Schlußfolgerung dieser großartigen Mischung aus römischer Beredsamkeit und Florentiner Wissenschaftlichkeit kommt. Auf diese Weise bleibt das Komische weiterhin mit der Vorstellung

verbunden, daß es aus einem praktischen Ereignis entsteht, welches alle vorhergehende Philosophie oder Illusion lächerlich macht.

5) Die Idee, daß die Komik – die, wie wir gesehen haben, aus dem Absturz
der Tonlage in die Niederungen alltäglicher Praxisnähe entsteht – sich unverzüg-
lich wieder erheben muß, indem sie sich genau in den Stil hüllt, den sie soeben
entweiht hat. Kurzum, die Idee des wesentlich klassischen Charakters des Komischen. Und tatsächlich endet die hier herrschende Komik mit einer Anspannung,
einer Windung klassizierenden Typs, würde ich sagen, einem Schnörkel, der
die Hineinnahme der armseligen, schurkischen Realität adelt:»aus Neugier, um
die Theorie auszuprobieren«. Und das ist wie ein Schlußakkord nach einer einzigen langen Note, in dem sich der Sturm dieser Periode legt.

Ist es das, was mir an Gadda gefällt?

Oh ja, sicherlich. Nicht unbedingt dieser Abschnitt, der, um es noch einmal zu sagen, sehr durchschnittlich ist, wohl aber andere Gadda-Stellen von
dieser Art verschaffen mir alle nur möglichen Genüsse: Worin ich folgsam den
gut kalkulierten Impulsen gehorche, die der große Autor bei seinem kindlichen
Leser provoziert. Ob im Zug oder vor einem Kriegerdenkmal, ich lache laut für
mich allein über die mimetischen Anfänge und über die aufgeschobenen, komischen Schlüsse, ich juble über die neu eingeführten Etymologien, und mit
einem zärtlichen Blick denke ich an den fernen Gaddone, an die Peperin'schen
Wendungen, in denen die komischen Schlußsätze ihre humanistische Größe
wiederfinden. Nicht nur das, denn zur Freude über den stilistischen Einklang
zwischen Leser und Autor kommt dann noch das – bei Gadda sehr einfache und
naheliegende – Vergnügen an der psychologischen Analyse hinzu. Zum Beispiel: Die Idee einer erneuerten Prosa ist ein psychologischer Schutz gegen die
Welt, die mit ihrer zweckrationalen, institutionalisierten oder auch literarischen Sprache schon so entsetzlich objektiv, feindlich und so vorgebildet auftritt. Die eigene Prosa sei also nicht die eigene, sondern sie soll fingieren, soll
sich als eine andere ausgeben! Um Ärger zu vermeiden, um sich nicht bei einem
Akt von sprachlichem Ungehorsam gegenüber der Welt ertappen zu lassen! Darüber hinaus ist die Idee einer Prosa, die eine andere Prosa erneuert, dies aber
durch Vermittlung einer dritten Prosa tut, eine zweite Flucht: eine Flucht in der
Flucht. Die Flucht in die Ironie, was der Welt sagen will:»Seht her, ich verkleide
mich, um nicht erkannt zu werden, im *pastiche*. Aber ich tue das in ironischer
Weise, wie mein spöttischer Gebrauch einer dritten Sprache zeigt, einer Sprache, die seit Jahrhunderten schon für solche Art Scherze verwendet wird!«

Punkt für Punkt die Phänomenologie der Gadda'schen Angst vor der wirklichen geschichtlichen Welt – die Familie, das Mailänder Bürgertum, die Nation
usw. – wiederzuerkennen und nachzuvollziehen, wie sie ganz allmählich zu einer
erschreckenden Kraft, zu einem Sprachpanzer wird, der in der italienischen
Literatur nicht seinesgleichen hat – das ist etwas, was zweifellos Freude macht.

Aber das ist nicht der wahre Grund meiner Liebe zu Gadda.

Zweiter Teil des Passus: Urplötzlich wechselt der Ton: Oh, mit unübertrefflicher Fertigkeit. Die Veränderung wird sofort angekündigt: »Und das (arme) Vieh ...«: ein Gemeinplatz des Mitleids, der Zärtlichkeit. Aber bei Gadda ist ein Gemeinplatz immer ein Zitat: Und darum wird dieser zu einer Ungeheuerlichkeit. Und wie alle Ungeheuerlichkeiten ist er aufrichtig. Er ist nichts als eine Form von Scham. Das aufrichtige Mitleid mit dem »armen Vieh«, das zu Beginn des zweiten Abschnittes explodiert und dem Stil eine neue Tonlage verleiht, käme jedoch zu plötzlich, wenn der vorhergehende Ton, bevor er endgültig verschwindet, nicht für einen Augenblick noch einmal kurz auftauchte: »Und das Vieh lieferte ihm, beim Landen, tatsächlich den gewünschten Beweis«, wo das Wort »Landen«, bezogen auf eine arme, aus dem zweiten Stock geworfene Katze, erneut komisch wird. Der Rest wird mit dem komisch belehrenden Ton verknüpft, der einen Anschluß an den ersten Abschnitt darstellt. Aber dann greift die Gefühlsbetonung, das Mitleid, eingeführt vom »armen Vieh«, sofort wieder an, in überbordender Fülle sogar: »jedesmal, jedesmal! wie ein Gedankengang, der durch wechselvolles Geschick nichts von seinem Ewigkeitswert verliert.«

Was soll das hier, fragt man sich. Was hat das mit der Katze zu tun. Der Nachweis, den die Katze liefert, indem sie mit allen vier Pfoten aufkommt, was hat das mit einem Gedanken zu tun, der nichts von seinem Ewigkeitswert verliert. Die immer noch vorhandenen Krusten der lateinischen Verzierungen »traverso fortune«, (durch wechselvolles Geschick«), »non intermetta dall'essere« (»hört nicht auf zu sein«) sollen hier das Mitleiden, den Gefühlsausdruck korrigieren, ein für alle Mal korrigieren, sollen vortäuschen, es sei ein anderer, der schreibt, denn die schrecklichste Sünde für Gadda ist, so zu schreiben, als ob er selbst schriebe: Das würde ihm die Welt nie verzeihen. Trotz dieser Fiktion geschieht aber etwas im *Topos* dieses Abschnitts. Etwas Unverhältnismäßiges eben. Was hat das Kätzchen mit dem ewigen Gedanken zu tun? Gadda weiß ganz genau, was er hier tut: Etwas Unverhältnismäßiges hat sich in seiner Seele abgespielt, und es diente der Verteidigung des Kätzchens gegen diesen Idioten von einem Bürgersöhnchen, der er seiner Meinung nach selber, als kleiner Junge, ist! Die Liebe zu der Katze – armes Geschöpf, ein Geschöpf nur, das nichts weiß und nichts will – und der Haß auf sich selbst als Kind, dem, wie er glaubt, ein so grausames Schicksal vorherbestimmt ist, lassen mit einem Schlag die komische Stimmung erstarren und das Mitleiden an der Schöpfung hervorschießen: das Ganze jedoch unter Gaddas Kontrolle, der ohne eine perfekte Beherrschung des Stils nicht zu einem anderen Ton überwechseln kann.

Nach dem Semikolon der zweite Flügel dieses Abschnittes: so weit wie bei Gadda möglich, bereits von jeder Ironie befreit (es ist noch welche da, aber sie ist ungreifbar flüchtig. Im Labor wäre es unmöglich, das Amalgam in seine sprachlichen Bestandteile auseinanderfallen zu lassen, bis das winzige Quantum an ironischer Säure isoliert ist): ».. . aber was den Kater betraf, so starb er bald darauf, mit von unwiderruflicher Trauer verschleierten Augen, trübselig geworden durch die Schmach.« Hier wird mit zwei Vokabeln der gängigen klassisch-erlesenen Sprache – »irrevocabile« (»unwiderruflich«), »immalincanito« («trübselig geworden«) – die Lyrik des Todes auf eine absolute Weise fixiert und mit weitausholender Geste, mit der Durchsetzungskraft eines Musikers des siebzehnten Jahrhunderts hingeworfen.

Ist es das, was mir an Gadda gefällt?

Oh ja: Dieses mit einer anspruchsvollen Vokalität versetzte Mitleid, diese durch eine köstliche Knappheit getarnte Gefühlsbetonung, die nach großen Klassikern zitiert, die gar nicht existieren – oder, wenn sie existierten, italienische Shakespeare wären – das ist etwas, was mich ergreift, ich gebe es zu. Der »Schöpfungsrealismus« Gaddas, seine unverhältnismäßigen Stimmungsrutsche im Inneren, die äußerlich auf das Mitleid mit den Dingen angewendet werden, ist ein grundlegendes Element meiner Liebe zu ihm. Aber sie ist dadurch noch nicht bis zuletzt erklärt.

Letzter Abschnitt. Nur fünf Worte: *Denn jede Schmach ist Tod.*

Ein kausaler Nebensatz, der als Hauptsatz auftritt. Isoliert. Feierlich. Endgültig. Ein Kausalsatz: Weil er die Ursache aller vorhergehenden Wirkungen ist. Zurück, weiter oben, haben wir in der irregeleiteten Ideologie, die aus sich selbst, schon als Kind, ein unwürdiges und verächtliches Wesen macht und sich daher in unproportioniertem Mitleid mit der Unschuld leidender Kreaturen abreagiert, in ihrer fatalen und existentiellen Wahrheit, das Übel aller Ideologien – und noch weiter zurück, bis wir oben bei der Welt als Ungeheuer ankommen, das in Schach gehalten werden muß, indem man es nachahmt, ironisiert und sich ironisch zu ihm verhält, all das in einem mehrdeutigen und ergreifenden Wechselspiel von peinlichem Geschmeichel und wahnsinnigem Stolz; den alles erklärenden Kausalsatz haben wir hier: *Denn jede Schmach ist Tod.* Daß dieser hier der Schlußsatz aller Schlußsätze, der Höhepunkt aller Höhepunkte in der kurzen, aber vollendeten Welt dieses Passus ist, wird klar, wenn man ihn aus einem kleinen Abstand betrachtet und dabei die Augen halb schließt: Dann sieht man genau, wie er gemacht ist, barbarisch und barock aus Schichten gestaltet, die in sich selber gipfeln, gleichzeitig aber auch dem endgültigen Höhepunkt dienen: wie ein Fackelhalter des siebzehnten Jahrhunderts oder eine chinesische Kirche. Das Schriftbild des Abschnitts kulminiert am Ende jeder Periode in einem abschließenden Satz, und alle gemeinsam legen sie sich, mit der gebotenen Asymmetrie, wie eine Blumenkrone um den letzten Gipfelsatz, *jede Schmach ist Tod.*

Angesichts einer solchen, wie ein allgemeiner Moral- und Erkenntnisbestand vermittelten Feststellung, läßt ein Teil von uns sich von der unvorherge-

sehen Gewalt der Behauptung treffen, läßt sich von dem plötzlich blenden-
den Licht erleuchten. Was geschieht hier? Ein Erkennen: Im Zustand der
Auflösung, den jeder *choc* erzeugt, *erkennt* ein Teil von uns freudig, daß er
verletzt, vergewaltigt wird. Er erkennt ganz klar die alte Phänomenologie der
Manifestationen des Irrationalen oder, wie soll ich sagen, des Unvermeidlichen.
Und in dieser Erkenntnis erfüllt sich der ästhetische Orgasmus, die plötzliche
Lust an einer Steigerung der Vitalität. *Jede Schmach ist Tod*, ja, ja, es ist wahr,
so ist es, jede Schmach ist Tod.

Aber ein anderer – idiotischer! – Teil von uns widersetzt sich statt dessen
der Erkenntnis der vollendeten Tatsache dieses Schlußsatzes. Mit seiner dummen Praxisbezogenheit bäumt er sich dagegen auf, erklärt seine Unzufrieden-
heit angesichts eines gewissen Mangels an Logik, der doch gerade das ästhetisch berauschende Moment an der Maxime ist. Er sucht also nach Erklärungen: Gadda übertreibt, er gibt sich leichtem, verbalen Jähzorn hin, und das
rechtfertigt sich, weil in Wirklichkeit nicht das Kätzchen, sondern der Gaddino
oder der Gaddone zum Fenster hinausgeworfen wird. Und wer ihn aus dem
Fenster stürzt, das ist die feindliche Gesellschaft, die alles unternimmt, damit
er katastrophische und kompromittierende Maximen wie jene von der
Schmach, die Tod ist, unterdrückt. Eine Gesellschaft, die jeden Tag, jede
Stunde schmäht, allein schon weil man existiert ... Aber das alles ist so klar.
Zwischen einer solchen Erklärung und dem winzigen, blitzenden Text kann es
keine Entsprechung geben. Er ist zu feierlich ästhetisch und inspiriert, um sich
für solche billigen, psychologischen Erklärungsmuster verwenden zu lassen ...
Die Gewalt seiner Improvisiertheit und gleichzeitig seine Dogmatik als eine
Maxime, die wie gängiges Allgemeingut ausgegeben wird – der Ton ungebun-
dener Verzweiflung, der sich dem Leser gleichzeitig als ein in langen Stunden
privater Meditation gereifter Erkenntnisakt aufnötigt ... all das verleiht dem
Schlußsatz eine Resonanz, die weit über seine wörtliche Bedeutung hinaus-
schießt. Nicht zufällig klingt hier die Aura des väterlichen Manzoni stärker und
»vager« wieder, oder es fällt wie ein sanfter, schräger Regen die Erinnerung an
einige der letzten Verse der Madrigale des irrsinnigen Tasso ... Jener italienische Shakespeare, den es nicht gegeben hat ...

Kurzum, die Frage: was bedeutet dieses *jede Schmach ist Tod*, diese Frage
ist ein technischer Irrtum. Denn nach all dem, was wir bis jetzt gesagt haben,
müßte deutlich geworden sein, daß wir es nicht mit der letzten Zeile eines
Romanausschnitts zu tun haben, sondern mit dem letzten Vers einer Strophe.
Aus diesem Grund ist die so gestellte Frage unzulässig oder verfrüht. Denn an
erster Stelle mußte festgestellt und zugegeben werden, daß die Metaphorik an
diesem Ort des Gadda'schen Werkes absolut ist. Und nehmen wir ruhig an, es
handle sich im vorliegenden Fall um eine Hyperbole, eine Übertreibung. Eine
Übertreibung, die jedoch wahrscheinlich aus einem Vergleich stammt, in dem,

nach Novecento-Manier, das »wie« weggefallen ist: Jede Schmach ist wie der Tod.

Reines poetisches Genre also. Aber Gadda ist, wie wir wissen, ein Prosa-schriftsteller: mit naturalistischen, positivistischen, wissenschaftlichen und ra-tionalen Wurzeln! Und gerade indem er ein solcher bleibt – das ist der sprin-gende Punkt –, gelangt er – urplötzlich, mit der schockierenden Gewalt der Inspiration – zu Sätzen wie diesem, der etwas vom Aphorismus eines Morali-sten, etwas vom Theorem eines Philosophen und etwas von der Maxime eines Weisen hat, in Wirklichkeit aber aus jedem logischen Gefüge herausfällt, weil er ganz ohne die Garantien des lyrischen Genres herumphantasiert.

Als ob wir es hier mit den sprachlichen *pastiches* des allgemein bekannten Gadda zu tun hätten! In diesen schlichten Worten steckt das wahre *pastiche*. In diesen schlichten Worten werden die Krümel (Citati), mit denen Gadda seine Welt ausklügelt, nachdem sie zuvor die ganze Welt – die riesige, ungeheuerli-che, ideologische und stilistische Welt – gewesen sind, wieder zu den Krümeln, die sie eigentlich waren. Denn Gaddas Erfahrung ist erzwungen und einge-grenzt, darum ist letztlich auch seine Welt schlicht. Genau betrachtet, be-schränken sich jene Schärfe des Moralisten, jene Tiefe des Philosophen und jene verzweifelte Heiterkeit des Weisen auf einen sehr einfachen Tatbestand: auf das Mitleid als Feststellung der allumfassenden Schicksalhaftigkeit, auf das Wiedererkennen und Wissen um die Unvermeidlichkeit des Bösen und des Guten.

Und dauernd spürst du, daß Gadda dort ankommen muß. Seitenlang tüf-telt er, zerkleinert, brütet, grinst, wird rasend, lacht höhnisch und erzittert – seiner hinlänglich bekannten Komplexität entsprechend: Aber du spürst dau-ernd, daß er dort ankommen muß. Bei den Tangenten, die ihm seinen Moralis-mus, seine Philosophie, seine Erfahrungen und seinen Stil entreißen, dort, wo die Blitze der Irrationalität fallen und ihre Zeichen erkannt werden.

Ich komme zum Ende.

Vielleicht muß ich – wegen einer ganz persönlichen Regression auf vor- oder pararationale ideologische Bereiche – nach so viel Nachdenken und Schreiben über Gadda, mit dem ich ihn negativ und in kindlicher Liebe der Welt der Rationalität der fünfziger Jahre gegenübergestellt habe, nach so langer Arbeit an einem Porträt Gaddas als eines Bewahrers und Stilisten, jetzt davon Abstand nehmen und akzeptieren, was heute die nackte Wahrheit meiner Liebe zu ihm ist. Die charismatische Überzeugung von der Blindheit des Le-bens, aber in dem Licht, das durch ihre Aufdeckung entsteht.

»L'Europa letteraria«, IV, 20-21,
Rom, April/Juni 1963

FREUD KENNT DIE SCHLICHE
DER GROSSEN ERZÄHLER

D ie *Klinischen Fälle* habe ich am Portico della Morte in Bologna gekauft, dort, wo ich als Junge die Salani-Ausgaben mit den unergründ-
lichsten Dichtern, aber auch Novalis, Coleridge, Ramuz (Blasco Ibáñez nicht, den habe ich nie gelesen) und Dostojewski bewundert habe. Am
Sonntag bin ich wieder einmal vorbeigegangen, es war eiskalt wie immer, im
Schatten eines schönen Herbsttages (der Tod). Dieselben Bücherkisten wie
damals, als ich aufs Gymnasium ging, auch heute randvoll mit Büchern – popu-
lärwissenschaftliche Literatur, Neuerscheinungen oder Bestseller. Verschwunden sind aber alle meine unergründlichen Dichter, die Salani-Ausgaben (Blasco
Ibáñez ist geblieben). Und, was entsetzlich ist, die dreißiger Jahre sind vorbei,
jetzt, in diesem häßlichen, frevelhaften Jahr 1963, blicken auf einmal, zu Objekten gemacht, zu verarmten Werkzeugen, zwischen tausend anderen gleicharti-
gen Instrumenten aufgereiht, auch die Bände *Accattone* und *Ragazzi di vita*
unter den Büchern hervor: Und das war das Ende.

Nie zuvor klang mir der Name des Portico della Morte wirklicher. Sicher
war es wegen dieses Schmerzes, wegen dieser Umkehr der Situation – einer in
Wirklichkeit jedoch unveränderten Situation –, daß ich Lust bekam, das Buch
von Freud zu kaufen, um es auf der Rückfahrt im Zug zu lesen.

Ich muß hinzufügen: a) Ich hatte den ganzen Freud ja in Bologna schon
vor mehr als zwanzig Jahren gelesen (und zum Teil eben am Portico della Morte
gekauft); ein grundlegender Abschnitt in meiner Bildung und meinem Leben;
b) jetzt hielt ich mich in Bologna auf, um für meinen Dokumentarfilm über das
sexuelle Leben der Italiener eine Reihe von Interviews mit Studenten und
Fußballspielern der »gegenwärtig auf den vordersten Listenplätzen plazierten«
Mannschaft zu »drehen«. Freud – das habe ich aus dieser Umfrage gelernt:
einer Untersuchung, die ich niemandem wünsche, so grausam sind die trauma-
tischen Wirkungen, wenn man dermaßen enttäuscht wird und die Achtung für
seine eigenen Mitbürger verlieren muß – ist in Italien höchstens drei, vier
Intellektuellen bekannt.

Keine Träne werde ich vergießen über das versäumte öffentliche Wissen
und Bewußtsein von Freud, über die versäumte Aufnahme und Verbreitung

seines Werkes in den obersten Schichten der italienischen Gesellschaft (ein Tatbestand, der mir jetzt wie das *débâcle* meiner naiven, jugendlichen Vorausberechnungen, meiner noch so bescheidenen optimistischen Vorstellungen über die bewußtseinsverändernde Funktion des Literaten erscheint). Keine Träne werde ich vergießen über den unzivilisierten Zustand, in dem der Italiener eines unterdurchschnittlichen Bildungsgrades sich weiterhin, unerschüttert, beziehungslos, fortpflanzt – genauso wie seine Brüder vor zwanzig, fünfzig, fünfhundert Jahren; und ich werde nicht lachen über die Zukunftsgläubigkeit neokapitalistischer Ideologen, die von bevorstehenden oder gar schon wirksamen anthropologischen Ereignissen usw., usw. sprechen, die alles verändert haben oder alles verändern werden usw., usw. (während mir, nach meiner oben erwähnten, verfluchten Umfrage, das sexuelle Italien wie ein uraltes Monument aus Schlamm und Sonne usw., usw. vor Augen steht). Ich werde mich auf ein paar stilistische Überlegungen beschränken.

Damit meine ich, daß mir daran gelegen ist, auf gewisse, bisher zurecht nicht hervorgehobene Eigenschaften Freuds hinzuweisen: Eigenschaften eines Romanciers, eines geschickten Erzählers. Von der Sorte derjenigen, die »schlicht schreiben«, wie Dostojewski, Svevo, natürlich. Um solche – sicher naheliegenden – Eindrücke des Wieder-Lesens zu untermauern, könnte ich mich sogar der qualifiziertesten literaturkritischen Werkzeuge bedienen: sagen wir Spitzer. Ich erinnere mich zum Beispiel an einen denkwürdigen Essay Spitzers über ein *Récit* von Racine, in dem er ein für die großen Autoren typisches Verfahren untersuchte, das angewandt wird, um die psychologischen Themen der jeweiligen Figuren oder die »Neuheiten« in den Entwicklungen des Dramas »einzuführen«. Ein Wink, der später wieder aufgenommen wird, bis er zum Leitmotiv gerät: der aber zunächst unnütz, gerade eben wie ein Zubehör oder sogar bloß ornamental wirkt, sich jedoch dann, bei seiner Wiederaufnahme, plötzlich mit »Bedeutung« erhellt. In den klinischen Fallbeschreibungen Freuds gibt es viele solcher »Motiv-Einführungen«, also auch viele solcher heftigen, belebenden Zündungen (ein Drehbuchautor würde sie »Wendepunkte« nennen). Zeichen absoluter Beherrschung der Materie. Wenn die Materie vereinfacht und sogar soweit zugänglich gemacht wird, daß sie fast keinerlei Widerstand mehr bietet, zu reiner Bildsamkeit wird, die in jede beliebige Form gebracht werden kann, dann bedeutet das, daß die Hände eines wirklichen Schriftstellers sie bearbeiten.

Die Momente, in denen die Einführung von Motiven und später ihr funktionales Wiederkehren mit »Entdeckungen« zusammenfallen, sind dann die Momente einer glücklichen, beruhigenden und mitreißenden Osmose zwischen Schriftsteller und Leser (genau an diesen »Wendepunkten« der Erzählung erkennt der Leser mit einem jähen Stich im Herzen, daß der Autor sich *direkt an ihn* wendet. Und darum fühlt er sich in gewisser Weise als Mit-Autor,

Sigmund Freud, etwa 1921

der an der Lebendigkeit der Schöpfung beteiligt ist oder sie wenigstens verwahren kann).

Übrigens besitzt Freud noch eine andere, grundlegende, technische Fertigkeit des Schriftstellers (die Spitzer bei Proust untersucht): die Fähigkeit des Aufschubs. Das heißt die Klugheit, eine bereits vorgesehene oder nur vorausgesehene Schlußfolgerung funktional so lange zu »retardieren«, bis sie schließlich mit dem »Schlußsatz« zusammenfällt: also mit einer neuen stilistischen Zündung, mit dem freudigen Aufleuchten des Verstehens beim Leser. Das Befriedigende der intellektuellen Kooperation wird darum eins mit dem Vergnügen an der Form.

Ich sagte am Anfang, daß Freud nicht zur Sorte jener Schriftsteller gehört, die gut schreiben. Aber ich habe das natürlich als *boutade* gemeint, als eine Unwahrheit. Denn die *Klinischen Fälle* Freuds können (vom rein literarischen

Gesichtspunkt aus vielleicht nur grob) beweisen, daß die »Form« nicht nur sprachlicher Natur ist, sich nicht nur am Wort, an der Zeile, an der Seite festmachen läßt. Oder: daß auch eine – mit einer sachbezogenen Sprache beschriebene – Figur Form ist. Auch ein Ereignis – in einer rein sachbezogenen Sprache erzählt – ist Form. Freud konzipiert und faßt seine Figuren wie »Formen«, sie werden vollkommen von seiner Interpretation beherrscht, gehorchen seinen Zwecken und sind genau aus diesem Grund sie selbst. In unserer Zustimmung zu dem Bild, das Freud von ihnen gibt, in unserer Bereitschaft, uns von ihm überzeugen zu lassen, finden wir ihre Realität wieder. So wie es bei den großen Gestalten Dostojewskis oder Stendhals geschieht.

So wie man eine großartige, denkwürdige Stelle in der Literatur erinnert, erinnere ich mich an die abschließende, winzige, kleingeschriebene Anmerkung am Fuß der Seite, in der Freud die letzte Wende erfindet und der Figur der kindlichen Neurose letzten Schliff verleiht – ein abschließender Pinselstrich, der uns vollkommen durcheinanderbringt und feierlich alle Lichter unserer Intelligenz entzündet: »Ich brauche es Ihnen nicht mehr zu sagen, denn Sie werden bereits begriffen haben, daß er ein Russe war ...«

Am Schluß der ungeordneten Anmerkungen möchte ich auf ein kleines Detail hinweisen (eines der unzähligen Details, denn Freud ist, wie alle großen Autoren, unerträglich reich), das Freud selber entgangen ist, als ob es bedeutungslos oder einfach nur kurios wäre (da er es zitiert, ist es ihm allerdings nicht ganz entgangen). Der Präsident Schreber erfindet in den Wahnvorstellungen seiner Paranoia bekanntlich ein ganzes ideologisches und sprachliches System: Im Grunde erfindet er eine Religion. In dieser Religion gibt es einen Gott, den er in einen Höheren und einen Niederen Gott unterteilt. Nun, der Höhere sorgt für die blonden Menschen der arischen Rasse, der Niedere für die dunklen semitischer Rasse.

Freud, der seinem eigenen Anspruch gemäß immer alles erklärt, hat dieses Detail übergangen: Wahrscheinlich war es in jenen Jahren ein Überrest positivistischer Kultur für ihn, ein in der paranoiden *Weltanschauung* des Präsidenten treibendes Wrackteil. Welche Bezüge aber kann dieses Detail heute für uns haben? Der Präsident Schreber lebte, arbeitete und delirierte etwa ein Jahrzehnt vor dem Ende des vorigen Jahrhunderts, ungefähr fünfzig Jahre vor Hitler. (Was mich betrifft, so habe ich – wissenschaftlich – immer noch nicht begriffen, was der Rassismus ist; zum Beispiel weiß ich nicht, ob er innerhalb eines marxistischen Deutungssystems vollkommen erklärbar ist, oder, wenn nicht, warum das so ist).   *»Il Giorno«, Mailand, 6. November 1963*

MISZELLEN
ÜBER PASCOLI, SHAKESPEARE UND HOMER

Pascoli

Sanguineti hat eine Ausgabe der *Poemetti* von Pascoli herausgegeben, deren Anmerkungsapparat von aufwendiger Gewandtheit überquillt, und die dem armen Autor gegenüber, den wir alle hassen und lieben, zu betont selbstgefällig auftritt. Auch diesmal wieder vermag der Text von Pascoli den Leser zu überwältigen. Es scheint, als ob ein Jahrzehnt recht wenig »italianistischer« Erfahrungen mit Literatur die *Poemetti* in eine vergessene Schublade verbannt hätte (um sie zum Quell von Schuldgefühlen bei denjenigen zu machen, die manchmal hingingen, um darin zu stöbern). Was Pascoli geschrieben hat, bleibt jedoch auch als Phänomen außerhalb jeder historischen Klassifizierung. Wir haben uns leichthin und grausam daran gewöhnt zu sagen, ein Dichter schriebe schöne Dinge oder häßliche Dinge – oder können unter Verzicht auf jedes Urteil über sein Geschick oder sein stilistisches Mischmasch einfach interessiert sein. An diese zweite Möglichkeit klammert man sich, wenn es um Pascoli geht. Von der drastischen Unterscheidung der ersten hat man in seinem Fall immer abgesehen. Und nun, in diesem Moment, in dem unvermutet die *Poemetti* erscheinen, explodiert sie plötzlich in aller Deutlichkeit. Sind sie schön? Sind sie häßlich? Gibt es darunter einige schöne Passagen oder Verse? Sind sie ... Dichtung? In jedem Fall aber wird niemand von uns zu sagen wagen: »Dieses Gedichtchen oder dieser Vers von Pascoli ist schön: das ist *Poesie*«, um damit Pascolis ewiges Heil (und die vorübergehende Kastration all seiner möglichen Konkurrenten) zu dekretieren. Und selbst wenn jemand unter uns sich, tatsächlich überzeugt, zu der Bemerkung hinreißen lassen würde: »Ja, der ›Torello‹ zum Beispiel ist schön, er ist unbezweifelbar schön, usw.«, dann *würde er wahrscheinlich trotzdem nicht wagen, diese Schönheit mit Poesie gleichzusetzen*. Das Geheimnis Pascolis – das erst für den ganzen Croceanismus und dann für den ganzen Irrationalismus der nicht-croceanischen Urteile über Lyrik zu einer irreführenden Bewährungsprobe wurde – besteht genau darin: die Schönheit von der Poesie zu unterscheiden und umgekehrt. Es hat zu einem heillosen Durcheinander und totaler Verwirrung geführt. Das Schöne vom Häßlichen zu unterscheiden bedeutet nicht, das Poetische vom

Unpoetischen trennen: Vor uns steht die »Sache« und erklärt sich mit ihrem handwerklichen Alexandrinismus, mit ihrer fragmentarischen, überragenden Fertigkeit, mit ihrer kleinen, abgeschlossenen, verrückten Gefühlswelt usw. in aller Bescheidenheit selbst und zeigt sich dennoch fast obszön ausschließlich in Gestalt eines Geheimnisses.

Shakespeare

Vielleicht hat Pound Recht, wenn er sagt, daß die Historiendramen Shakespeares die schönsten sind. Die Trilogie *Heinrich VI.* ist überragend. Der Verstoß gegen Aristoteles erlaubt es hier, lange geschichtliche Zeiträume wie in einem Film so zu dramatisieren, daß Orte wie Zeiten übersprungen werden, und verpflichtet trotzdem zur Wahrung der von Aristoteles beschriebenen Fiktion. Sie wird mit Hilfe der notwendigen Synthesen wieder eingeholt. Heinrich VI. wächst unter totaler Mißachtung der Zeit vom Kind zum Erwachsenen heran. Die ganze Sicht der Geschichte wird von dieser Technik bestimmt (oder umgekehrt). Die Geschwindigkeit der fiktiven Zeit hebt die Realität der tatsächlichen Zeit auf. Und die Königstreue wird nicht nur ironisch von der Schnelligkeit transzendiert, mit der ein Thron erobert oder verloren wird, sondern auch von der mangelnden psychologischen Glaubwürdigkeit des Wunsches, ihn zu erobern, beziehungsweise des Schmerzes über seinen Verlust. Wahrscheinlich ist die Monarchie für Shakespeare das Äquivalent des Rittertums bei Cervantes. Die bürgerliche Ironie kann die Liebe zur nicht-bürgerlichen Institution, die von der Zeit, dem wichtigsten Element dieser Ironie, erpreßt und ausgeplündert wurde, nicht verhindern. Kaum gelingt es den Personen rechtzeitig, die ganze Fülle ihres Daseins in der Welt zu zeigen, indem sie *außerhalb der Zeit*, in unverhältnismäßigen Monologen und Lavaströmen der Erinnerung sprechen: Da stürzen sie schon wieder zurück in die Zeit, die ihnen immer wieder zu früh ihre Gegenwart nimmt und auf der vertikalen Linie das zunichtemacht, was auf der horizontalen Linie so wahr, umfassend, unendlich und bewegungslos war.

Das Zeichen dafür, daß Shakespeare der Geschichte als Geschichte der Monarchie vollkommen gleichgültig gegenübersteht, ist die Figur des »Sozialrebellen« Cade, und es besteht gerade in der dichterischen Anlage dieser Person. Jede mögliche Vorstellung, sie könne nach einer zeitlichen Logik konzipiert sein, läßt diese Figur auf wunderbare Weise hinter sich. Hier einige ideologische Feststellungen Cades:

»Das ganze Reich sollen alle ingemein haben; in Cheapside geht euch mein Klepper auf die Weide.«

»Ich danke euch, lieben Leute! – so soll es kein Geld mehr geben, alle sollen auf meine Rechnung essen und trinken, ich will sie alle in Eine Livrei kleiden, damit sie sich als Brüder vertragen, ...«

»Und ihr, des Volkes Freunde, folgt mir nach.
'S ist für die Freiheit, zeigt euch nun als Männer:
Kein Lord, kein Edelmann soll übrig bleiben;
Schont nur, die in gelappten Schuhen gehen,
Denn das sind Wackre, wirthschaftliche Leute,
Die, wenn sie dürften, zu uns überträten.«

»Wir sind erst recht in Ordnung, wenn wir außer aller Ordnung sind.«

»Wenn wir Gedeihen haben und was ausrichten wollen, so laßt uns die Kerker aufbrechen, und die Gefangnen herauslassen.« »So, Leute: nun geht und reißt das Savoyische Quartier ein; Andere zu den Gerichtshöfen, nieder mit allen zusammen!«

»... verbrennt alle Urkunden des Reichs; ...«

»Und hinfüro soll alles in Gemeinschaft seyn.«

»Du hast Friedensrichter angestellt, daß sie arme Leute vor sich rufen über Dinge, worauf sie nicht im Stande sind zu antworten. Du hast sie ferner gefangen gesetzt, und weil sie nicht lesen konnten, hast du sie hängen lassen, da sie doch bloß aus dem Grunde am meisten verdienten zu leben.«

»... er soll sterben, und wär' es nur, weil er so gut für sein Leben spricht.«

Natürlich übernimmt Shakespeare auch einige Gemeinplätze, mit denen die Gesellschaft der Mächtigen Figuren wie Cade verurteilt. Aber der notwendig komische Stil macht aus den ideologischen Übertreibungen und der Lächerlichkeit Cades, des Verkünders des Sturmes auf die Bastille und vieler anderer Dinge, die später kommen werden, ein einheitliches Ganzes. Die bürgerliche Sicht der Geschichte hat bei Shakespeare ein so stark antizipatorisches Moment, daß seine Ironie nicht nur soziologische Beschreibungen vorwegnimmt, die erst vor kurzem wissenschaftlich erhärtet werden konnten, sondern sogar ihren möglichen Beitrag zu einer Revolution, die zwar im Fall Cades reaktionär ist, aber durchaus schon Klassenkampf bedeutet ... (Dies alles sage ich im Hinblick auf einen möglichen Film nach der Trilogie *Heinrich VI.*, der seinerseits, als Figur, außer dem demokratischen Pazifismus auch die sich selbst bezweifelnde Macht vorwegnimmt.)

Homer

In den ersten 117 Versen der *Odyssee* haben wir: die Anrufung der Muse (die in wenigen Worten die Ereignisse um die Rückkehr des Heimkehrers zusammenfaßt); die Vorwegnahme eines Vorfalls auf dieser Rückreise, der schicksalhafte

Folgen für den Heimkehrer und seine Gefährten haben wird (die Schlachtung
der Rinder der Sonne Hyperions); die angekündigte, aber nicht ausgeführte
Vorstellung des einsamen und traurigen Odysseus auf der Insel der Kalypso,
mit dem Kommentar zu solch hartem Schicksal; den tatsächlichen Grund für
solch »hartes Los«, nämlich den Groll Poseidons, der geradeso wie eine Erklärung gesprächsweise eingeführt wird; die Information, daß Poseidon sich in
diesem Moment bei den Äthiopiern aufhält; einige rasche Auskünfte über die
Äthiopier; den Grund für den Besuch Poseidons bei den Äthiopiern: ein Blutbad; die Nachricht von eine gleichzeitigen Versammlung der anderen Götter
unter dem Vorsitz Zeus'; Zeus' Gedanken, die zu Ägists Ermordung durch
Orest schweifen; die direkte Rede des Zeus; seine Klagen über die Lage der
Götter und ihren guten Willen; einige Aufschlüsse über den Gang der Ereignisse um Ägist und Orest, und über die Eile, mit der Zeus selbst den schuldigen
Ägist davon hatte unterrichten wollen, was ihn erwartete, indem er Hermes zu
ihm schickte; die »direkte Rede« des Hermes innerhalb der »direkten Rede«
Zeus'; das weinerliche Finale über Ägists Ende, der den göttlichen Mahnungen
kein Gehör geschenkt hatte; das Einschreiten Athenes in direkter Rede als
Antwort auf diejenige Zeus', mit dem sie seinen guten Gründen, sich zu bekla-
gen, widerspricht, oder auch die Absonderung Odysseus' auf der Insel der
Kalypso; die Nachricht, daß Kalypso eine der Töchter des Atlas ist, und die
Beschreibung der Aufgaben des Atlas; schließlich den Appell an die Gefühle,
um Zeus dazu zu bewegen, Odysseus zu helfen; neue »direkte Rede« des Zeus;
seine Beteuerungen, wie wohlgesonnen er Odysseus sei; den Hinweis auf die
Empörung Poseidons wegen der Blendung des Zyklopen durch Odysseus und
seine Gefährten; einen optimistischen Abschluß und die Entscheidung, den
Zorn des Poseidon zu besänftigen, um Odysseus dann in seine Heimat zurück-
kehren zu lassen; neue »direkte Rede« Athenes; einen feierlichen und verwor-
renen Rat an Zeus, Hermes sofort mit Befehlen zur Ogygischen Insel zu schik-
ken; seinen eigenen Entschluß, statt dessen nach Ithaka zu gehen, um den
Boden zu bereiten; den Plan, Telemachos auf die Suche nach seinem Vater zu
schicken; das Ende der Rede Athenes und ihre Einkleidung in Reisegewänder,
geflügelte Schuhe, magischen Stab usw.; ihre Erscheinung in Gestalt Mentes,
des Führers der Tafier in Ithaka; eine realistisch-detaillierte Beschreibung der
Freier, die sich der Prasserei ergeben; Telemachos, der unter den Freiern als
erster ihre Anwesenheit bemerkt.

Jedes dieser kleinen, nebeneinandergestellten und mit schwachen, lo-
gisch-rhetorischen Konjunktionen verbundenen Versatzstücke enthält eine
Mitteilung und gleichzeitig den zu ihr gehörenden Rahmen stereotyper Konnotationen. In den meisten Fällen werden sie zu richtigen kleinen Exkursen, in
denen die nurmehr äußerlich funktionale Stereotypie zu a) einem automatisch
retardierenden Element und b) zu einem redundanten Element wird.

Die stereotype Redundanz ist das Merkmal dieser ersten 117 Verse der *Odyssee* und unendlich vieler vergleichbarer Passagen.

Bei ihrer Übersetzung der *Odyssee* scheint Giovanna Bemporad dies nicht bemerkt zu haben, denn sie nimmt den homerischen Text, als ob es selbstverständlich wäre, daß er so ist, wie er ist. Die Übersetzerin scheint sich nicht darüber zu wundern, daß am schönsten Punkt einer dramatischen Erklärung, wie dem Hinweis auf den Zorn des Poseidon, ein Exkurs von drei Versen stehen kann, die die geographische Lage der äthiopischen Nation beschreiben; oder daß man sich mitten in der schönsten Schilderung des leidvollen Zustands Odysseus' damit aufhält, über die kosmische Aufgabe des Atlas zu informieren. Die klassizistische Tradition hat die Stereotypie, und mehr noch die Redundanz, zum Element des hohen Stils gemacht. Giovanna Bemporad unterscheidet sich nicht von dieser klassizistischen Tradition.

Ihre Neuerung besteht darin, das klassizistische Umfeld zu aktualisieren, es auszuweiten bis hin zum Territorium des Symbolismus: damit also hin zu einer tendenziellen Polysemie der Lexik und zu einer tendenziellen Dehnung der Semantik. Wie dies konkret geschieht, haben sowohl Albini im Vorwort zu dem Band, als auch Maurizio Perugi (»Paragone«, Nr. 254) analytisch beschrieben. Sie konzentrieren ihre Beobachtungen vor allem auf den geschickt und untergründig *freien* Gebrauch, den die Bemporad vom elfsilbigen Vers macht. Undeutlich schwankt er *entre le sens e le son.* Nun ist aber inzwischen mehr zerstört worden als nur der Elfsilber: Und diese geheimnisvollen Regelverstöße, diese Anomalien ohne Substanz haben gewiß wenigstens an Aktualität verloren. Als ob das wichtig wäre. Als ob die Bemporad, die vor zwanzig Jahren mit dieser Arbeit begann, nicht das Recht hätte, sich als das zu erweisen, was sie war und ist. Es ist nicht ihre anachronistische, geheime Wühlarbeit im und gegen den Klassizismus, was ich ihr vorwerfen würde. Ich würde ihr allenfalls vorwerfen, daß sie im Verlauf ihrer Übersetzungsarbeit nicht hat begreifen wollen, daß der Text der *Odyssee* objektiv ein *pastiche* ist, daß er sich über wer weiß wie viele mögliche Interpolationen (die einem also nicht unbedingt immer Respekt abnötigen) und über wer weiß welche Mechanismen geistiger Zuordnungen entwickelt. Ständig führen sie zu Störungen, Störungen, die in einer modernen Sprache womöglich nur mit Hilfe ungebildeter, volkstümlicher Rede oder mit dem Magma-Fluß einer »makkaronischen« Supersprache hätten beseitigt werden können.

»Nuovi Argomenti«, N. F.,
Rom, April/Juni 1971

PASOLINI REZENSIERT PASOLINI

ÜBER »TRASUMANAR E ORGANIZZAR«

D ieses Werk von Pier Paolo Pasolini (der Gedichtband *Trasumanar e organizzar*), das Gefahr läuft, weniger Beachtung zu finden, als es verdient, weil es sich allen »instrumentellen Absichten« sperrt (wie man so scheußlich zu sagen pflegt), besteht in Wirklichkeit aus wenigstens drei Büchern. Das erste ist ein privates Tagebuch, in dem Pasolini von seinen, meist schwarzen, Tagen spricht und unter die Ängste – ach was, auch unter die Freuden! – die »metasprachlichen« und gesellschaftlichen Probleme des Dichtens mischt: »Piccoli Poemi Politici e Personali (P. P. P. P.)« (Kleine, politische und persönliche Poeme) lautet der Titel einer Unterabteilung des »Anhangs« im Kursivdruck: Alle diese Gedichte gehören zum Beispiel ideell zu jenem ersten Buch, von dem ich sprach: Die schönsten sind die Gedichte über Ninetto, besonders: »Einer der vielen Epiloge«. Insgesamt gelingt die Mischung aus einzelnen, alltäglichen Situationen und allgemeinen Problemen geheimnisvollerweise gerade deswegen, weil sie frech auf gewisse literarische Kniffe und Fertigkeiten zurückgreift. Dabei geht es nicht um Ernsthaftigkeit oder Unaufrichtigkeit. Zum Beispiel: Er sagt, er hätte in Recife vor Plakaten mit den Fotos der in ihrer Abwesenheit zum Tode verurteilten und von der faschistischen Polizei gesuchten »Banditen« geweint. Sind seine Tränen echt? Weint er wirklich aus den Gründen, die er nennt? In Wahrheit hat das Weinen seine Zeiten und seine fast mathematischen Fristen, und sie verdanken sich Prozessen der Steigerung, die kein Psychologe jemals errechnen könnte. Aber Pasolini kennt seine »schizoide« Lage, und er nennt sein Weinen mit bitterer Ironie, die ihm übrigens nicht schwerfällt, ein »Geflenne« (»Das Geflenne, von dem Marx sprach«).

Aber siehe da, jetzt verfalle ich selbst in diesen fatalen Fehler der verhärteten Kritik. Sie kann nur von den nicht gelungenen Stellen oder von metasprachlichen oder gesellschaftlichen Problemen »sprechen«, die dann geschickt zum Vorwand genommen werden: die häßliche Berufskrankheit des Kritikers. Der sich wohl hütet, alle »Heulsusen« zum Teufel zu schicken, um sich statt dessen, sagen wir mal, mit dem Lächeln Ninettos zu beschäftigen.

Das zweite Buch, aus dem *Trasumanar e organizzar* besteht, ist eine Liedersammlung für eine Frau, von der (in zwei Anreden) gesagt wird, daß sie

»Maria« heißt und sehr berühmt ist: so berühmt, daß dies für sie selbst ein Trauma darstellt, und für den, der, wie wir, eine Beziehung zu ihr hat, objektiv zum Problem wird. Auch in diesem Fall haben wir es im Ergebnis mit wirklicher Poesie oder wenigstens mit Rührung zu tun: die der Kritiker flieht wie der Teufel das Weihwasser. Eine solche Poesie entsteht aus dem mühseligen Sieg einer sehr eigenartigen und bestimmt abnormen Art von »Altruismus« über den Narzißmus, für den der Autor bekannt ist. »Maria« wird, wenn auch mit Mühe und nur abschnittsweise, eine objektive Figur: Ihre Probleme sind *ihre*, und nicht die des Dichters, und darum lebt sie – wenn wir das so sagen können, daß es weder wie Ironie noch wie ein Kompliment klingt – diese Probleme mit Großmut. Mitleid und kritische Schärfe vermengen sich, vielleicht auch in etwas unsinniger Weise, um den objektiven Raum des Buches zu schaffen, in dem diese »Maria« von ihrem eigenen Glanz lebt. »Ihre Gefühle sind immer wahre, große Gefühle«, ihr Schritt ist unaufhaltsam, ihre Heftigkeit treibt sie auf Schmerz und Selbstzerstörung zu wie einen Matrosen aufs Meer. Sie ist im altmodischen Sinn Tochter und Mutter zugleich, sie *existiert* mit der königlichen Macht der «großen Jungfrau« und sie fürchtet ständig, nicht mehr zu existieren: Denn ihr Sein ist ein verzweifeltes *esse est percipi*, aber immer wieder von den ruhmreichen Siegen eines Tages gekrönt, usw. usw. ...

Im Inneren dieses (sozusagen) objektiven Teils geht die ständige Versuchung des Autors um, zu sich selbst zurückzukehren, nachdem er sich mit einer wahrscheinlich übermenschlich großen Anstrengung von sich selbst entäußert hat. So kommt es, daß man im Buch dieser »Maria« einige interessante Dinge über die Figur Pasolinis liest, und zwar nicht nur über seinen gegenwärtigen Zustand, sondern auch rückblickend über seine Vergangenheit. Ich beziehe mich vor allem auf den Abschnitt »La Città Santa«, wo Pasolini von einer »Leere im Kosmos« spricht, die nur für ihn, nicht für die anderen, eine Leere ist: Denn gerade in dieser Leere erhebt sich ja die Stadt, die Stadt, die vom Vater gegründet wurde. Die Leere im Kosmos bedeutet also für Pasolini das völlige Fehlen einer Vater-Erfahrung. Seine Bildung stammt dementsprechend ausschließlich von ihr, der unterdrückten, der auf dem Land oder am Stadtrand gehaltenen Mutter. Sicher, das alles ist nur bruchstückhaft. Aber es ist da. Carlo Bo hat Recht, wenn er mit Bezug auf dieses Buch von vielen Verzichten spricht. Das Problem ist jedoch, wie zur Genüge bekannt, Sein oder Nicht-Sein, nicht wenig oder viel sein. Die Bruchstücke *sind da*. Die Motive *sind da*. Und es sind Dutzende und Aberdutzende, auch wenn es sich um ein wesentlich geschlossenes Werk handelt, weil ein Werk anders nicht sein kann.

Das dritte Buch in *Trasumanar e organizzar* ist ein durch und durch politisches Buch. Vielleicht hat es, quantitativ wenigstens, das größte Gewicht. Es ist dasjenige Buch, welches am meisten faszinieren (und am meisten verachtet werden) kann. Die *Naivität*, mit der Pasolini die im öffentlichen Bewußtsein besonders ordinär popularisierten politischen Dramen angeht, ist sicher das Bewegendste und Originellste an seinem Buch (man vergleiche unter anderem das Oratorium über das Blutbad von Mailand). Zwei Hauptthemen hat dieses Buch: die KPI und die neue, »revolutionäre« Generation. Alle werden jetzt an mein Gedicht »PCI ai giovani«, [»Die KPI an die Jugend«] denken (ich weiß, dieser Titel sagt niemanden etwas, denn alle haben dieses Gedicht unter dem Titel gelesen, den ihm die Redakteure des »Espresso« gegeben haben, nämlich: »Vi odio cari studenti« [»Ich hasse euch, liebe Studenten«] oder so etwas Ähnliches). Ja: an dieses Gedicht zu denken, ist zulässig (es wurde in diese Sammlung übrigens nicht aufgenommen, wahrscheinlich weil der Autor es für ein schlechtes Gedicht hält, wie er wiederholt bekräftigt hat. Es ist aber eigentlich nicht häßlich, mit dieser expressionistischen Mischung aus journalistischer Prosa und Gemeinplätzen, zu denen ein hysterischer Ausbruch hinreißt). Von diesem Gedicht an haben die den (tragisch enttäuschten) Jugendlichen gewidmeten Gedichte gewisse »ketzerische« Motive entwickelt: Nur wurde die Hysterie vollkommen von Vernunft und Mitleid verdrängt. Nicht zu Unrecht verweist Pasolini im Klappentext des Buches auf das »Gedicht der Tradition« als eines, das unbedingt gelesen werden sollte (jedenfalls von dem, der nur Zeit für ein Gedicht hat – auch wenn es vielleicht nicht gerade das schönste ist).

Die Sehnsucht nach einer Daseinsform, die der Vergangenheit angehört (fast verleiht diese Sehnsucht Pasolini eine mitunter schüchterne und wenig anmutige reaktionäre Heftigkeit) und sich nach dem nunmehr definitiven Sieg des Bösen niemals wiederherstellen lassen wird, verwandelt sich in eine Art kosmisches Mitleid mit diesen jungen Brüdern, die dazu verdammt sind, schon von jetzt an neue Werte zu leben, Werte, die Pasolini unerträglich erscheinen. Es sieht fast so aus, als ob er sich wünscht, daß aus der Tragödie, die durch das Scheitern der Studentenbewegung entstand, eine neue Figur des »Sohnes« hervorginge, die auf wunderbare Weise wieder die alten Merkmale der Bescheidenheit, des Gehorsams, der nicht-aggressiven Rebellion, des Wissensdurstes, der Anmut der Jugend – möglicherweise auch in Gestalt der Sünde der Resignation, der Sinnlichkeit oder der Leichtlebigkeit – und schließlich die revolutionäre, aber nicht triumphalistische Kraft usw. usw. haben soll. Aber das ist nur eines der tausend Motive, die der Leser, auch wenn sie nur Andeutungen oder Fragmente bleiben, im Verlauf der Lektüre von *Trasumanar e organizzar* entdecken kann. Ein weiteres Motiv möchte ich jedoch noch andeuten: Durch das ganze Buch zieht sich die Idee, daß der Mensch – vor allem der junge Mensch – Freiheit nicht leben kann und darum nicht leben will, und daß er sich aus diesem Grund tausend Vorwände und Pflichten erfindet, um sie nicht zu leben und ewig auf das Morgen verschieben zu können.

Dies ist also ganz eindeutig ein Buch ohne Hoffnung. Ja, das Wort »Hoffnung« ist sogar endgültig aus dem Wortschatz und dem Kopf Pasolinis gestrichen

(darum sagte ich am Anfang, daß niemand dieses Buch je wird seinen Zwecken dienstbar machen können. Seine Adressaten können, wie der Autor, nur »glücklos und stark, Brüder der Hunde« sein).

In einem Jahrgang, der unter dem Zeichen der Lyrik stand, ich denke an den großartigen Band Pennas, an den wunderbaren von Bertolucci, den gewiß schönen von Montale, den beeindruckenden von Bellezza (und an Luzi, Ottieri usw.), kommt einem spontan die Frage: Welche Beziehung besteht zwischen diesem Werk Pasolinis und der Literatur? Wo liegt seine Aktualität? (Fragen eines alten, ehrwürdigen Kritikers, wie man sieht; Fragen, deren Notwendigkeit wohl niemand bezweifeln würde!)

Pasolini macht hier mehr aus der Literatur als anderswo. In einem Gedicht sagt er, er wolle aus praktischen Gründen gängige literarische Modelle übernehmen; in einem anderen behauptet er, in voller Absicht ein wenig Dunkelheit in die Gedichte zu bringen, und umgekehrt. Kurzum: Das ganze Buch durchdringt hartnäckig eine metasprachliche Beschäftigung mit sich selbst. Aber ausgerechnet in dem Moment, in dem Pasolini freiwilliger literarisch wird, kann er sich plötzlich auch eine nie gekannte »Verachtung« für die Literatur erlauben. Dieser Tatsache verdankt sich die im Vergleich mit den vorhergehenden Bänden nahezu totale Erneuerung des Wortschatzes; ebenso wie die Erneuerung von Metrik und Syntax. Die Kontinuität verdankt sich dagegen dem weiterhin gebrauchten *Oxymoron*, das heißt, der Definition mit Hilfe von Gegensätzen. Das ist wichtig, denn wenn man, und sei's auch nur schematisch, vom Stil auf das Leben schließt, kann man sagen, daß Pasolini lebensgeschichtlich durch Akkumulationen lebt und daß seine nicht-dialektische Erkenntnisweise sich der ewigen Gleichzeitigkeit von Gegensätzen verdankt. Und genau das gilt eben auch für die metasprachliche Idee von *Trasumanar e organizzar:* totales Akzeptieren der Literatur – totale Ablehnung der Literatur.

Darin besteht die Aktualität des Buches (wenn man durchaus nicht darauf verzichten will, obwohl die Geschichte später ja doch alle Voraussagen zunichte macht, und dann ist es aus mit der Aktualität): Aufgrund seiner »gegensätzlichen« und darum hoffnungslosen Natur kann nicht mehr von ihm bleiben als eine (mehr oder weniger fruchtbare, mehr oder weniger geglückte) Explosion an Vitalität. So vollkommen nackt, kantig, mit seinen immer wieder viel zu expliziten Gefühlsbewegungen oder Empfindlichkeiten, gleicht dieses Buch keinem anderen (während die Bücher, die ich oben aufgezählt habe, sich alle in irgendeiner Weise gleichen).

Jenseits der Aktualität, die dieses Buch als Objekt besitzt, und auch jenseits der Aktualität, die zu thematisieren und zu riskieren es sich nicht scheut – was können Leser, die keine unfreien, gemeinen Komplizen der »historischen Zeiten« sind, sich letztlich über dieses Buch sagen?

Trasumanar e organizzar lebt in einer Realitätsschicht, wo die Realität
sich bald verwirren und auflösen wird, sich aber vorerst noch nicht verwirrt und
aufgelöst hat. All ihre Ansprüche, ihre Ausflüchte und ihre Leidenschaften
stehen noch vor uns, sind physisch anwesend: Aber noch einen Schritt weiter
und sie wären nicht wiederzuerkennen, wie ein sich zersetzender Leichnam.
Es gibt in dem Buch vielleicht die eine oder andere Lüge, die eine oder andere
Unaufrichtigkeit, die eine oder andere Plumpheit (ja, mehr als eine sogar): Es
ist aber trotzdem niemals unwirklich, und das heißt, kulturell willkürlich. Ganz
allgemein gesprochen (und im Vertrauen auf den Leser), könnte man also sagen, daß Pasolini die Wirklichkeit liebt. Man könnte aber, immer noch allgemein gesprochen, vielleicht auch sagen, daß Pasolini – ebenso umfassend und
tief – die Wahrheit nicht liebt. Vielleicht weil, wie er sagt, »die Liebe zur
Wahrheit am Ende alles zerstört, weil es nichts Wahres gibt«. Könnten wir also
abschließend sagen, daß es diese Weigerung ist, die Wahrheit, irgendeine
Wahrheit (keine relative, denn für Teilwahrheiten streitet Pasolini ständig und
in DonQuichottesker Manier) zu erkennen, zu suchen, zu wollen, daß es diese
ödipale Furcht ist, etwas zu erfahren und zugeben zu müssen, was den seltsa-
men und heillosen Reiz dieses Buches und wahrscheinlich auch des ganzen
Werks Pasolinis ausmacht?   *»Il Giorno«, Mailand, 3. Juni 1971*

EIN EWIG KINDLICHER VERSUCH ZU LEBEN

DIE GEDICHTE OSSIP MANDELSTAMS

Ich halte den kleinen Band mit Gedichten von Ossip Mandelstam in den
Händen, und neben mir liegt der große Memoirenband seiner Frau, der
heroischen, unermüdlichen Nadeschda Mandelstam. Auch eine grobkörnige und wie verschleierte Fotografie Mandelstams liegt vor mir, die ihn als
Jungen zeigt, einen schönen jüdischen Jungen, sinnlich und intelligent. Meine
Stimmung ist die eines Menschen, der eine Grabrede halten oder »gesittete«
Verse schreiben muß, wie man sie in den fünfziger Jahren verfaßte. Verse über
ein Geschehen, dessen Bedeutung – die die Geschichte zerreißt wie eine unheilbare Wunde – so vollendet tragisch ist, daß sie fast schon wieder strahlend
und wunderbar erscheint.

Ist Mandelstams Leben ein Leben gewesen? Ich glaube nicht, daß es auch
nur einem der Leben ähnelt, die ich direkt oder vom Hörensagen oder in der
Vorstellung kennengelernt habe. Es gehört nicht zur »menschlichen Tradition«, innerhalb derer uns die Leben anderer Menschen untereinander sehr
ähnlich erscheinen, oder in der ein Leben von den anderen unendlich verschieden, aber einzigartig sein kann. Mandelstam hat gelebt wie ein geblendetes
Tier auf unbekannten Weiden. Seinen Zeitgenossen mochte er als ein Mensch
wie alle anderen erscheinen, der zu leben versuchte. Davon legt seine Gefährtin ein sehr genaues, nicht endenwollendes Zeugnis ab ... Mandelstam existierte wirklich, ganz materiell: Er trat auf wie einer, der ein wirkliches Leben
lebte, wie alle anderen; er gab Ideen, literarischen Ideen, Ausdruck; er besaß
politische Überzeugungen und handelte dem allen entsprechend. Und dennoch hat sein Leben Stadien durchlaufen, Rhythmen gehabt und sich auf eine
Bahn begeben, durch die es nicht mehr als ein Leben erkennbar ist. Es ist ein
ewig kindlicher Versuch zu leben. Mitunter bildet es sich ein, endlich zur Reife
gelangt zu sein – und dann freut Mandelstam sich darüber, lebt Pausen sanfter,
geistreicher Fröhlichkeit. Aber in keinem anderen Moment erscheint sein Leben so leidvoll unausgefüllt, so verhindert und unrealisierbar wie in diesem.

Vielleicht gab es schon am Anfang einen Irrtum. Einen banalen Irrtum.
Mandelstam hätte sich mit zwanzig Jahren nicht an der Universität von Petersburg einschreiben, sondern hätte in Heidelberg oder in Paris bleiben sollen.

Oder vielleicht mußte er nach Petersburg gehen – wenn sein Schicksal bestimmte, daß er an den literarischen Bewegungen im Rußland jener Jahre – am Akmeismus, am Formalismus – teilnehmen sollte. Aber danach hätte er in den Westen zurückgehen sollen. Er war Jude, er hätte nichts verloren. Er wäre kein Staatenloser geworden. Er hätte ein wirkliches Leben gelebt, geradeso wie es bis zu diesem Zeitpunkt gewesen war: die Jugend eines jungen polnischen Juden aus dem Bürgertum, der auf der Suche nach Intelligenz, Kultur und Zukunft seine Vaterstadt verläßt.

Aber er bleibt in Petersburg. Warum? Hier beginnt die Absurdität seines Lebens, die keiner anderen Absurdität gleicht, weil sie sich mit dem Absurden nicht erklären läßt. Natürlich war es vernünftig und richtig, in Petersburg zu bleiben; die Revolution zu leben; auch nur als Dichter, »der sich der Revolution verpflichtet fühlt, ihr aber Gaben bringt, die sie im Moment nicht braucht . . .«; an den großen historischen Ereignissen jener Jahre teilzunehmen. Es war vernünftig und richtig, einen Platz einnehmen zu wollen, zu versuchen, sich in die neue Welt, die aus der Revolution entstand, einzuordnen. Aber schon 1923 erhielt er die erste offizielle »Aufforderung«, keine Verse mehr zu veröffentlichen. Allem, was danach kam, viel zu früh vorausgehend! Als ob er keine Empfindungen hätte, als ob er zu keiner Reaktion fähig sei – wenigstens nach den Tatsachen zu urteilen – hat Mandelstam sich nicht gerührt. Er hat sich verteidigt, indem er sich totstellte, alles akzeptierte, nichts und niemanden beschuldigte. Auch das ist richtig und vernünftig, wenn man bedenkt, daß Mandelstam gleichzeitig, mit einer wahnsinnigen Hellsichtigkeit und einer wahnsinnigen Hartnäckigkeit, seine isolierte, innere Opposition begann, die ihn dann zu einem *Heldentod* führen sollte. Auch dieser Widerspruch zwischen einer solchen revolutionären Opposition innerhalb der Revolution und ihren ständigen, fruchtlosen, illusorischen Versuchen, alles zum Schweigen zu bringen, das Böse zu beschwichtigen und sich anzupassen, ist verständlich, ist ein normales Element des menschlichen Lebens. Wir erkennen das an. Und doch nimmt das Leben Mandelstams bis zur Verhaftung 1934, schon mitten in der stalinistischen Ära, weiterhin einen besonderen Gang, der sein Vorbild vielleicht weniger in unserer gewohnten Erfahrung als in den Büchern oder Träumen Kafkas hat. Nun ist die Kafka'sche Entfremdung aber – so sagt man – typisch für die kapitalistische Welt; im Fall des »entfremdeten« Mandelstam, der in einer kommunistischen Welt zum ewigen Kind gemacht wird und hilflos bleibt, hat sie also abnorme, nicht wiederzuerkennende Merkmale. Tragischer als sein hartnäckiger und vorsichtiger Kampf gegen Stalin ist sein Versuch, sich abzufinden, seine armseligen Bemühungen um Ausgleich, seine kleinen Verlagsarbeiten, seine Reisen und sein Sich-Einrichten in irgendwelchen winzigen,

Ossip Mandelstam ▷

ruhigen Moskauer Wohnungen – wo er sich so glücklich glaubt. Und all das
wie ein privilegierter, für den Reichtum geborener Mensch, der tatsächlich mit
der Bildung eines reichen Menschen ausgestattet war. So wie er sich in der Vorhölle des Lebens – das Nicht-Leben desjenigen, der die Diktatur Stalins akzeptierte – abzappelte, hat Mandelstam also ein unwirkliches Leben gelebt, *für das
es keine Lösung gab*. Ein wirkliches Gefühl hat er vielleicht gehabt: zu fliehen.
Vielleicht auch nicht. Wir wissen ja nichts darüber. Wir sehen, wie er sich be-
müht, von der Vorhölle in die Hölle zu gelangen, über die Gründe, die ihn am
Leben erhalten, besitzen wir aber nur das Zeugnis seiner wenigen Verse.

Und so ist er dann auch gestorben, wie in Luft aufgelöst. Sein Ende wird
von »offiziellen Bekanntmachungen« »angezeigt«, die seinen Tod in Wtoraja
Rečka, einem Durchgangslager bei Wladiwostok, festlegen. Vorher hatte er
unter Hausarrest in Tscherdyn gelebt (wo er auch versucht hatte, sich umzu-
bringen) und, nach einer kurzen Pause in Moskau, unter Hausarrest bei Woronesch; 1938 dann die endgültige Verhaftung und die Deportation. (Seine
Werke werden in der UdSSR auch heute noch nur im Untergrund gelesen. Der
Alptraum ist also noch lange nicht zu Ende.)

Leicht, intelligent, geistreich, elegant, ja erlesen, heiter, sinnlich, ständig
verliebt, aufrichtig, hellsichtig und glücklich auch im Dunkel seiner Neurose
und des politischen Schreckens, im Gegenteil, fast jungenhaft launig und gebil-
det, treu und erfindungsreich, lachend und geduldig – hat Mandelstam eine der
glücklichsten Dichtungen des Jahrhunderts geschaffen, viel glücklicher als die
Lyrik Majakowskis und – trotz ihres beschränkteren Umkreises – reicher als die
Lyrik Jessenins.

Mandelstam gehört zu dem Moment der russischen Kultur, der sich Formalismus nennt, auch wenn die historischen Grenzen dieses Moments in
seinem Fall erweitert werden müssen. Er hat nämlich nicht explizit teilgenom-
men, und das metasprachliche Interesse des Formalismus ist ihm fremd geblieben. Zwar stellte er sich das Problem der poetischen Sprache, aber er löste es,
ohne das Feld der poetischen Sprache zu verlassen. Für ihn gibt es nur einen
einzigen Bereich außerhalb der Sprache der Dichtung: die Politik, die gelebt
wird wie das Leben. Es ist lächerlich, ihn zum Beispiel für die »Autonomie der
Kunst« machen zu wollen! Auf dem Gebiet der formalen Studien eignet er sich
alle Elemente des Formalismus an, aber sie sind bei ihm wie gerade eben im
Moment ihres Entstehens aufgenommen, in einem Stadium der Reinheit, die
noch nicht in Poetiken oder literarischen Manifesten kodifiziert ist: Darum
verbindet sich die leichte, die flache und tiefe, flotte und absolute, angeberische
und keusche »Schreibweise« des Formalismus bei ihm mit den »Schreibwei-
sen« einer vorhergehenden, nein besser, fast gleichzeitigen, europäischen, literarischen Kultur: Ich würde paradoxerweise eher Apollinaire und . . . Cocteau
als, zum Beispiel, Yeats und Eliot nennen. Nicht nur das, Mandelstam kann sich

sogar erlauben, zwei Vorlieben miteinander zu verbinden, die Liebe zum kubistisch-futuristischen Surrealismus oder ihm (in Rußland) verwandten Stilrichtungen mit der Liebe zum Symbolismus: Wie oft materialisiert sich die »Leichtigkeit« Mandelstams im »harten Gestein« einer mythisch-klassischen Sprache!

Es gibt in der Lyrik Mandelstams keine wirkliche Entwicklung. Sie ist ein einheitlicher Block. Nur in den späten Gedichten, vor allem in den allerletzten, die er 1937 in Woronesch schrieb, haben wir es vielleicht mit einer höheren Abstraktion zu tun, und der materiale Hintergrund – der Landschaft, der ringsumher sichtbaren Lebensqualität – ist gedämpfter und grauer.

Hier gibt es die liebevolle Geste nicht mehr, mit der Mandelstam häusliche und ein wenig banale Einzelheiten der alltäglichen Welt heraushebt, »Dinge«, die mit den Augen eines Menschen gesehen werden, der sich ihrer erfreuen kann, weil er als Dichter und – im erhabensten und anrührendsten Sinn des Wortes – als potentiell Bürgerlicher privilegiert ist: Das, was ihn in Woronesch umgab, war nicht für ihn da, und die Heiterkeit, der Scharfsinn und der Humor, die ihn nie verlassen, können hier zwar auf ihn selbst angewendet werden und eine tragische Situation zu einem sprachlichen Seiltanz machen – mit Sicherheit aber üben sie sich nicht mehr an der Welt ringsumher.

Die dichterische Inspiration Mandelstams bleibt im Verlauf eines ungelebten Lebens und einer Bildung, die nicht durch frische Erfahrungen erneuert werden konnte, immer die gleiche: Um zu überleben, hat er offenbar immer wieder auf die Ursprünge zurückgreifen, hat er an den primären, eigenen Quellen trinken müssen.

Und so gibt es kein einziges Gedicht, wo ein Vers oder ein Zweizeiler den Geist Mandelstams nicht wie ein Objekt repräsentierte. Es handelt sich fast immer um Verse, die zwischen der leichten »boutade« und der entsprechenden Annäherung der Sprache hin- und herspielen. Die amüsierte Provokation des Sprachwitzes und das Staunen über die Form lassen einen Funken jener traumähnlichen Weisheit überspringen, die die ganze Welt enthält, ja wiedererschafft wie eine geheime, strahlende Neuheit. Mandelstam hat diese Weisheit von Anfang an erworben oder besessen, weil sie ein Vorrecht seiner Ausdrucksgabe ist.

»... Beneide ich still einen jeden,/ In jedermann heimlich verliebt«; »Bedeutung ist ein Nichts, das Wort: ein bloßes Rauschen,/ Dient die Phonetik treu – den Seraphim«; »Vom leichten Leben waren wir halb verrückt«; »In der Sowjetnacht, da werd ich beten/ Für das selige, sinnlose Wort«; »Der Welt der Mächtigen war ich nur kindlich verbunden«; »Denn ich bin nicht von wölfischem Blut, und das macht:/ Wer mir gleichkommt, nur der bringt mich um«; »Ich will aus unsrer Sprache fort! Aufbrechen –/ Nur dem zuliebe, was ich ihr verdank«; »Gott-Nachtigall, gib mir Pylades' Schicksal,/ Sonst nimm mir meine

Zunge – kein Verlust ...«; »Die Macht ist widerlich wie Baderhände«; »Es ist das Lebende, das dem Vergleich entrinnt«; »Denn alle wollen sie sich sehen nun:/ Geborene, die Abgrundnahen und – die ohne Tod hier weiterschreiten«, usw. usw.

So voller Liebe und frei von Liebe, so voller Haß und frei von Haß artikuliert sich das ganze »Wissen« Mandelstams – und schafft vier oder fünf der schönsten Gedichte dieses Jahrhunderts: ein Kampf gegen das Nicht-Geschlagenwerden, in der Selbsttätigkeit eines Traumes, in dem das Bewußtsein jedoch, obwohl es nichts vermag, sehr wach und auf geheimnisvolle Weise nahezu glücklich sein muß.   *»Il Tempo«, 3. Dezember 1973*

ANPASSUNG UND ANARCHIE

DAS TAGEBUCH VON WITOLD GOMBROWICZ

Dieses Tagebuch (1957-1961) von Witold Gombrowicz ist ein Buch, das in keine Kategorie paßt: Als ein Tagebuch müßte es uns die Psyche des Autors wirklich vor Augen führen, müßte uns sagen, wer er ist; als ein »überarbeitetes Tagebuch« (so stellt es sich dar) neigt es statt dessen dazu, den Abstand zwischen Autor und Leser wiederherzustellen. Wenn Gombrowicz das, was er von sich sagen wollte, und das, was er nicht sagen wollte, sorgfältig zu trennen beabsichtigte, dann ist ihm das jedoch nicht gelungen, denn wir lernen ihn hier durchaus unabhängig von seinen Überarbeitungsabsichten kennen.

In diesem Tagebuch gibt es nichts von all dem, was an Tagebüchern so gefällt: nicht einmal jene unbeabsichtigte Schönheit, die Gombrowicz selbst zu erkennen und zu bewundern verstand (». . . wie man es auch immer nimmt, das Tagebuch ist immer eine Brühe, die nach der Wirklichkeit schmeckt, und mir gefällt es zum Beispiel, zu wissen, daß Bobrowski am 3. Mai 1942 im Wald von Vincennes seiner Frau das Fahrradfahren beibrachte«).

Dieses Tagebuch von Gombrowicz ist nämlich alles andere als ein existentielles Tagebuch (mit Ausnahme von zwei kurzen Kapiteln, wie wir sehen werden): Es ist vielmehr ein Sammelsurium an Erfahrungen eines Intellektuellen, an gemachten, noch zu machenden, verdrängten oder – wie heikle Versuche – eben nur angedeuteten Erfahrungen. Das Abnorme daran ist nun aber, daß solche Erfahrungen, wenn sie schließlich in einem Buch Ausdruck finden (*Kosmos* zum Beispiel, oder *Trans-Atlantik* oder vor allem *Ferdydurke*), zur Bildung gehören: In diesem Tagebuch jedoch bleiben sie einfach nur Halbbildung! Der Autor geht aus diesem Buch als Gestalt hervor, die an einen nicht nur ziemlich ungebildeten, sondern auch wenig intelligenten, verfehlten Menschen denken läßt: Eine Art plumper Hofnarr ohne Hof, der glaubt, es sei schwierig, die Wahrheit zu verstehen, und vor allem, es sei notwendig, sie auszusprechen, der glaubt, daß Unangebrachtheit vorgeplant werden kann, daß unangenehmes Auftreten ein Kennzeichen des Genies und daß Grinsen ein Zeichen von Überlegenheit sei.

Recht wenig grundsätzliche Informationen erhalten wir über einen derartigen »unerwünschten« Menschen: 1939 aus der polnischen Provinz geflohen, ließ er sich in der argentinischen Provinz nieder. Hier hat er sich, ohne häuslichen Herd, in Buenos Aires und anderen Städten herumgetrieben, ausgestattet mit viel überflüssiger Zeit, die er darum den anderen widmen konnte. Er hatte keine andere Wahl als die Einsamkeit; gegen seinen Willen mußte er sich für sie entscheiden (in Wahrheit hat er sie gehaßt, und darum hat sie ihn verbittert und vulgär gemacht). Kaum in einer Stadt angekommen, bestand sein erster Schritt darin, zum Direktor des örtlichen Lokalblattes zu gehen, mit der Bitte, den Intellektuellen des Ortes vorgestellt zu werden; und schon sehen wir ihn im Café mit diesen Intellektuellen schwatzen, die er tatsächlich vollkommen durchschaut, die er aber einfach nur benutzt, um seine aufgezwungene Einsamkeit auszufüllen, um seine Zeit totzuschlagen, und vor allem, um seinem Narzißmus ewig gleiche Befriedigungen zu verschaffen. In dieser Hinsicht ist sein Tagebuch eine einzige, fortwährende Prahlerei, eine besessene Aufzählung seiner verbalen Triumphe im Café.

Diesem Gombrowicz, der als rechter Spätromantiker nichts anderes kann, als seine »dämonische« Ader zu kultivieren, der von allem die *andere* Version liefern muß und jede mögliche Kritik des Lesers spöttisch zunichte macht, indem er ihr in einem Spielchen zuvorkommt, das ihn in der Rolle des wilden, jungen Literaten zeigt, ist die unglaubliche Einfalt seiner Prahlerei nicht aufgegangen. Ebensowenig bemerkt er die noch viel unglaublichere Einfalt, mit der er von seinen Werken, seinen Verlegern, seinen polnischen Rezensenten spricht. Diese Einfalt offenbart nun aber keine idealen, sondern eher ziemlich vulgäre Gefühle. Was seine grundsätzliche Banalität betrifft, so weiß er um sie und versucht sie zu adeln, indem er einen bestimmten metaphysischen Vertikalismus einsetzt, den er ausgerechnet bei den von ihm so verachteten und provozierten Lateinamerikanern gelernt hat (in Wahrheit hat er sie nur so behandelt, weil er um ein bißchen Gesellschaft bettelte).

Seine morbide Beobachtungsgabe übt sich an abstrusen Nichtigkeiten: auf den Bauch gedrehte Insekten im Sand, drei Steinchen auf einem Weg, die herabbaumelnde Hand eines Kellners. Aber es handelt sich um eine »unechte«, artistische Morbosität, die er mit eben jenen halbfertigen metaphysischen Vertikalismen rechtfertigt. In anderen Fällen hat die »unechte«, manische Verbissenheit Probleme zum Gegenstand: zum Beispiel eine unsinnige Polemik gegen die Malerei oder eine nicht weniger absurde Polemik gegen Bach. Immer wieder muß er den Spielverderber markieren und Anstoß erregen. Als aber der Direktor der »Preuves« nach Buenos Aires kommt, wird er ganz zum gesunden Menschenverstand, zu Respekt und Vernunft.

Alles was er sagt – mit großer Bissigkeit und immer als Ausrufesatz – ist »Ersatz«. Nie berührt er das Thema seines Unglücks: nicht aus Scham jedoch

oder wegen jenes humorvollen Abstands, den er für so zwingend notwendig hält, sondern weil *er es nicht kennt.*

Nur zufällig erfahren wir wichtige Dinge über diesen Punkt: daß er nämlich an schwerer Angina litt, daß ihn der Alptraum verfolgte, er könne ersticken, daß er klaustrophobisch war und wahrscheinlich auch ein Voyeur. Aber das ist lediglich der klinische Aspekt seines »Unglücks«. Der öffentliche und gesellschaftliche (das heißt, das Exil) ist noch viel schwerwiegender, und dennoch drückt er ihn so aus, daß er zu einem altbekannten und völlig konventionellen Tatbestand wird. Warum? Sehr einfach: Sein fehlendes Bewußtsein vom eigenen, privaten Unglück hängt damit zusammen, daß er Freud nicht kennt, und seine Banalisierung des eigenen, geschichtlichen Unglücks hängt damit zusammen, daß er Marx nicht kennt.

Seine Bildung läßt sich kaum mit der durchschnittlichen Bildung eines modernen Schriftstellers vergleichen. Womöglich hat diese große Lücke (Freud und Marx) seine Originalität als Geschichtenerzähler begründet, weil Kräfte freiblieben: Vielleicht findet seine visionäre Gabe darin das Fehlen von Zusammenhängen, das sie braucht. Andererseits ist eine solche Lücke im Tagebuch aber unverzeihlich. Der Adel (auch des Blutes), der Gombrowicz die bürgerliche Sorge abnahm, ein wirklich gebildeter Mensch werden zu müssen, hat ihn zwangsweise zu einem Anarchisten gemacht, der sich heuchlerisch als Reaktionär ausgibt. Aber die Argumente, die er zur Verteidigung dieser angenommenen Haltung anführt, sind diejenigen eines Autodidakten, eines Mißgestalteten, eines Unglücklichen.

Sein ganzer Antikommunismus ist so banal und vulgär, daß er Mitleid erregen muß. Und seine Kritik des anderen Systems, des kapitalistischen und katholischen, ist feige und ganz auf billige Paradoxe und journalistische Schlagwörter gegründet (vielleicht fürchtete er die Reaktion der argentinischen Gastgeber).

Ohne ein Privatleben, ein Heim, ein Vaterland, eine Partei usw. hat er aus der Literatur seinen einzigen Lebenszweck gemacht, wobei er den Literaturbetrieb so furchtbar ernst nimmt, daß es einem das Herz zerreißt. Was er außerdem überhaupt nicht bemerkt, ist die Unvereinbarkeit zwischen seiner aufschneiderischen Anarchie und seiner ganz wesenseigenen, unterwürfigen Anpassung (auch wenn sie kosmopolitisch ist und sich daher mit keiner besonderen, politischen Macht kompromittiert).

Warum habe ich von diesem unseligen (und darüber hinaus auch noch schlecht gedruckten) Buch gesprochen? Weil es zwei Abschnitte gibt, den neunten und den zehnten (1958), die außergewöhnlich schön sind und die zusammengenommen eine Art Bändchen für sich bilden, das wir das »Bändchen der *changos*« nennen könnten.

Es handelt sich um den Tagebuchbericht von einer Reise und einem Aufenthalt in Santiago del Estero (in dem wir, in Form eines *flash back*, auch die zuvor verschwiegenen, wichtigsten Einzelheiten einer vorhergehenden Reise nach Tandil lesen können – darunter ein wunderbares Stück über die Beziehung zu dem sechzehnjährigen Intellektuellen Gige).

Schon von den ersten Seiten an ist die Beschreibung Santiagos verdächtig, voll von einer geheimnisvollen Neuigkeit. Bis zu diesem Zeitpunkt hatten wir uns daran gewöhnt, den Autor als eine Art unruhigen Seminaristen anzusehen, der nichts anderes um sich herum wahrnehmen kann als Literaten und Literatencafés ohne physisches Leben. Aber siehe da, plötzlich bemerkt er die sinnliche Schönheit, und das mit einer absolut überragenden Genauigkeit und Klarheit.

Es stimmt, auch schon auf den vorhergehenden Seiten hatte Gombrowicz von einer Begegnung zwischen Alter und Jugend geschwafelt, um daraus das alberne ideologische Thema seiner »Pornographie« zu machen. Hier aber taucht die Begegnung zwischen *seinem* Alter und der extremen Jugendlichkeit der *changos* urplötzlich, bedrohlich und doch voller Anmut und Vitalität auf.

Wer sind diese *changos*? Kleine lumpenproletarische Diener indischer Abstammung, wenn ich recht verstanden habe. Nur in diesem Abschnitt des Tagebuchs treten sie plötzlich wie sehr wichtige Gestalten im Leben von Gombrowicz auf. Die Beschreibung ihrer Erscheinung – die immer bei den Händen beginnt – ist von außergewöhnlicher sprachlicher Qualität. Sie verbindet die erhabene Ruhe des Betrachtenden mit dem »Raptus« eines Menschen, dessen Eingebungen schwindelnd schnell auf den Grund der Unschuld und der Abirrungen der Natur führen. Diese *changos* sind ganz und gar poetische Geschöpfe, die sich allem als der »andere Zustand«, als Gegenbegriff, entgegensetzen – wir könnten ihn »Jugend«, »Anmut« oder »Schönheit« nennen –, der aber in Wirklichkeit namenlos bleibt, weil der Autor ihn von seiner wahren Realität, der Sexualität, abgetrennt hat.

Ganz Santiago wird von dieser physischen Unbegreiflichkeit beherrscht, an die es solange nicht zu glauben vermag, bis sie sich von Zeit zu Zeit in der körperlichen Erscheinung der *changos* offenbart – armen Schuhputzern, Laufburschen, Hilfskellnern, die Getränke herbeibringen usw. –, deren Haupteigenschaft darin besteht, Diener, ja, Sklaven zu sein.

Die Erregung, die das in der Seele eines »unglücklichen Herrenmenschen« wie Gombrowicz auslöst, bildet die Tonlage dieses ganzen Abschnitts im Buch: Wie auf glühendem Sand, unter einem kleinen Flammenregen, wandert Gombrowicz in den Fußspuren seiner »paides«, ein armer Hund, der Sklaven nachläuft. Aber er wagt es weder, diese Tatsache beim Namen zu nennen, noch (und dies von ihm zu verlangen, wäre sogar humaner) sie als das zu beschreiben, was sie ist, nämlich »Päderastie«. Was soll dann aber das ganze höhnische Gelächter, dieses unermüdliche, triumphierende, sakrosankte Hohngelächter über den Konformismus all dieser armen polnischen und argentinischen Provinzler?

DIE WIRKLICHKEIT UND DIE WELT DER IDEEN
»DIE UNSICHTBAREN STÄDTE« VON
ITALO CALVINO

Ich bin zur gleichen Zeit wie Italo Calvino aufgewachsen und habe ihn gesehen, als er noch sehr jung, fast noch ein Knabe war. (Ich glaube, er ist ein oder zwei Jahre jünger als ich, aber als ich 1950 das friaulische Kloster verließ und in die Welt eintrat, war er schon etwas erwachsener und vertrauter mit den Dingen der Gesellschaft und der Literatur. Mir sollten sie dann noch eine ganze Zeitlang verschlossen bleiben, fast als ob ich sie nicht verdiente – vielleicht, weil ich ihrer nicht würdig oder zu naiv war.) Wir haben zusammen gearbeitet, er in Turin, ich in Rom, bis wir etwa vierzig waren, also die Mitte des Lebens erreicht hatten. (Vierzig ist das Alter, in dem der Mann sich den meisten Illusionen hingibt, vor allem an die sogenannten weltlichen Werte glaubt und seine Aufgabe, an der Welt teilzunehmen, sich ihrer zu bemächtigen, ernster nimmt denn je. Der Zwanzigjährige ist im Vergleich zum Vierzigjährigen ein Monstrum an Realismus.)

Obwohl sie so unterschiedlich war, ergänzte sich unsere Arbeit in gewisser Weise. Und vor allem verband uns – wie ein gutes Gefühl – die optimistische Überzeugung, daß unsere Arbeit im »Zentrum« von etwas läge und daß etwas aus ihr hervorgehen müsse. Wir bewunderten und wir liebten uns auf eine sehr argwöhnische Weise, ohne viel Aufhebens voneinander zu machen, zu stark eingenommen von der Bedeutung dessen, was wir taten, um uns uneigennützige Pausen zu gönnen.

Calvino hat dann aufgehört, sich mir nahe zu fühlen. Ich habe das sofort begriffen. Zu Beginn der sechziger Jahre brach etwas auseinander, und er und ich befanden uns auf den entgegengesetzten Seiten dieses Bruchs. Sein soldatisches, stolzes und schlaues Gesicht unter den dicken, schwarzen Augenbrauen, die ihn trotz seiner so nordischen Art sehr südlich wirken lassen, der fleischige Mund, der sich ständig bewegt, als ob Calvino immer im nächsten Moment etwas sagen wollte, das ihm von ferne durch seinen wachsamen Kopf geht und ihn erheitert – dieses Bild fängt an, ein wenig zu vergilben und seine Farben zu verlieren. Es lächelt nurmehr von weitem, wie dasjenige eines geliebten Menschen, von dessen Verlust man erst ein paar Jahre später erfährt, dann, wenn es schon zu spät ist, ihn zu betrauern. Natürlich habe ich Einwände gegen die Form, in der Calvino sich für die »Aktualität« entschieden hat: seine Öffnung gegenüber der Neo-Avantgarde und sein vorschneller Anschluß an die Studentenbewegung (um mich nur ganz allgemein auszudrücken). Was *wirklich* in diesen letzten Jahren in seinem Kopf vorgegangen ist, weiß ich nicht, weil Calvino, vielleicht aus Gründen der Diplomatie, geschwiegen oder sogar ein wenig gelogen hat. Was man übrigens auch können muß in dieser Welt. Niemand behauptet, daß man immer die Wahrheit sagen muß. Manchmal ist es wahrscheinlich besser zu schweigen als die Wahrheit zu sagen. Es ist vielleicht gesünder, die Wahrheit mitunter für sich zu behalten. Tatsache ist, daß Calvino sich sein Ansehen unversehrt erhalten hat, denn er hat sich von den beiden Moden, mit denen ich mich zweimal diskreditiert habe, im Gegensatz zu mir eben nicht losgesagt, sondern ist mit ihnen eine Art von achtlosem Bündnis eingegangen. Seit sich die Wahrheit nun wiederhergestellt hat, was ich unpassenderweise wie ein gerupftes Huhn in alle vier Himmelsrichtungen herausgeschrieen habe, genieße ich darum nicht nur weiterhin meinen schlechten Ruf (der sich also als ziemlich unverdient herausstellte), sondern auch die Abneigung derer, die mir nicht verzeihen können, daß ich damals das gesagt habe, was gesagt werden mußte. Von Calvino habe ich, wie gesagt, einige Jahre lang wirklich überhaupt nichts mehr gehört, fast als ob er sich auch physisch vorübergehend zurückgezogen hätte. Das Buch *Cosmicomics* ist bei mir, ich bekenne es, wie etwas Unwirkliches und ganz Vorläufiges angekommen. Aber jetzt erscheint er mir mit seinem jüngsten Werk, das nicht nur das schönste seiner Bücher, sondern von absoluter Schönheit ist, *Die unsichtbaren Städte*, wieder wirklich, ja wirklicher als je zuvor.

Die erste Bemerkung, die mir dazu einfällt, ist, daß dieses Buch Calvinos das Werk eines Jungen sein muß. Nur ein sehr junger Mensch kann so strahlender, so kristallklarer Stimmung sein, so festen Willens, schöne, dauerhafte, erfreuliche Dinge zu schaffen – und nur ein sehr junger Mensch kann, andererseits, so viel Geduld aufbringen wie ein Handwerker, der seine Arbeit unter allen Umständen zur Vollendung bringen will. Nicht die Alten, die jungen Menschen sind geduldig.

Aber da gibt es in der Stadt Isidora auch »das Mäuerchen der Alten, die der Jugend nachschauen, die vorbeigeht. Er sitzt mit ihnen in einer Reihe.« Und zweifellos entspricht es der Logik dieses Buches: *Die unsichtbaren Städte* sind das Werk eines Alten oder wenigstens eines betagten Mannes, *der das Leben vorbeigehen sah*. Es liegt an dieser Erfahrung – die wichtigste, die ein Mensch machen kann –, daß er die Zukunft nicht mehr als die Zukunft seines eigenen Lebens und jetzt nicht einmal mehr als die Zukunft seiner Kinder und Enkelkinder sehen kann. (Das aber ist der menschliche Horizont, in dem zum Beispiel die Vernunft wirksam ist, und in dem die Ethik, vor allem die normative Ethik, ihre

Grundlagen besitzt.) Nein: Die Erfahrung, das eigene Leben vorbeigehen zu sehen, ist gleichbedeutend mit der Erfahrung, *alles* mögliche Leben, das Leben des Kosmos, vorbeigehen zu sehen. Die Zukunft dehnt sich dann ins Unermeßliche aus, und alle Proportionen der Wirklichkeit mit ihrer Rationalität und Moral werden nichtig. Was bleibt, ist nur die Tatsache dieser Erfahrung, die sich nun, da Rationalität und Moral nicht mehr gelten, aus eigener Kraft rechtfertigen muß. Sie kann sich dabei nur noch mit Illusionen messen, und ihre einzig mögliche Erleichterung bleibt, sich auszudrücken.

Das Buch Calvinos ist somit das Buch eines Alten, für den »die Wünsche Erinnerungen sind«. Aber nicht nur die Wünsche sind Erinnerung: auch die Kenntnisse, die Informationen, die Nachrichten, die Erfahrungen, die Ideologien, die Logiken: Alles ist Erinnerung. Alle lebenswichtigen Verstandeswerkzeuge sind Erinnerung.

Folglich verfügt auch die vollkommen neue Erkenntnis des Lebens »als vergangenes Leben« über kein anderes Mittel, sich auszudrücken, als diese alten Erinnerungen. Es stimmt also, daß bei Calvino alle Bildungsillusionen hinfällig wurden, seine Bildung ist jedoch geblieben: wenigstens als Lieferant jener kulturellen Erinnerungen, mit deren Hilfe Calvino diese neue Welt beschreiben kann, so wie sie sich dem verwirrten Blick des greisen Jünglings auf dem Mäuerchen darbietet.

In dieser Bildung Calvinos, die wir eine »überlebende« Bildung nennen können, gibt es alles: natürlich auch den Marxismus mit seinen praktizistischen Ansprüchen auf unmittelbares Eingreifen, seiner Rhetorik, usw. Er ist es nämlich, den das Buch bestreitet (obwohl es ihm nicht abschwört). Die Idee einer, nehmen wir mal an, durch den Sieg im Klassenkampf errungenen, besseren Stadt wird einfach in eine andere Vorstellung von der Zeit eingebettet: Ich sage nicht: der Geschichte, sondern eben der Zeit. Tatsächlich gelangen viele der von Calvino erträumten Städte irgendwann zur Perfektion. Daß sie diese dann wieder verlieren, ist ein Problem, mit dem sich die Generationen einer unendlich fernen Zukunft herumschlagen mögen. Dies sage ich, um die Gewissensqualen meiner orthodoxen, marxistischen Kritikerkollegen zu beruhigen.

Trotz des Untergangs aller gebildeten Illusionen ist die Bildung Calvinos, ich wiederhole es, also intakt geblieben – und sei es auch nur als großartige Täuschung. Als solche hat sie die Formvollendung eines Gegenstandes, eines wunderbaren Fossils, erreicht. Nun ist die Bildung Calvinos eine spezifisch literarische. Und jetzt, von ihrer Funktion und von ihren Pflichten befreit, ist sie zu einem verlassenen Bergwerk geworden, aus dem Calvino die Schätze herausholt, die er gerade braucht.

Was hebt er in diesem Bergwerk? Zuallererst eine metallische, fast kristalline, aber leichte, unglaublich leichte Schreibweise: die Schrift des Spiels. Niemals vergeht Calvino sich gegen diese Leichtigkeit. Es gibt keinen einzigen

Moment, in dem er beim Schreiben nicht mit verhängtem Zügel ritte, so als ob er ohne Ziel voranginge. Und doch wird bei dieser Bewegung um der Bewegung willen die Eleganz, die nachlässige Sorge um die Eleganz, keinen Augenblick lang verraten.

Das zweite, was Calvino aus seiner stillgelegten Mine holt, sind die Techniken der Mehrdeutigkeit. Es gibt keine Seite in den *Unsichtbaren Städten*, auf der nicht jeglicher Kanon aufgehoben wäre: ja, dem Spott preisgegeben. Der Sinn ist wie das Echo in einem höhlenreichen Tal, das mal hier, mal dort wiederklingt, und doch immer das gleiche bleibt.

In ihrem typischsten und klassischsten Aspekt unendlicher Nuancierung aber findet sich die Mehrdeutigkeit auf den verbindenden Seiten des Buches, den kursiv gedruckten Seiten, die von den Berichten eines Pseudo-Marco und eines Pseudo-Polo an den Khan erzählen. Beide Gesprächspartner sind unendlich schillernd und treten jedes Mal wieder als die Symbole all der möglichen Bücher auf, die dieses Buch auch sein könnte, oder als die Symbole der verschiedenen Gesichtspunkte, mit deren Hilfe dieses Buch sowohl ideologisch als auch sprachlich eingeordnet werden könnte. Man kann darum bei Calvino keineswegs von »Relativismus« sprechen, denn sein Relativismus ist durch und durch visionär und hat sich bereits mit unendlich vielen verschiedenen Möglichkeiten auseinandergesetzt.

Das Dritte, was Calvino aus seinem literarischen Bergwerk hebt, ist der Surrealismus: ein Surrealismus, der das allergrößte Vergnügen bereitet, denn es geht eine ganze Galerie surrealistischer Gemälde aus ihm hervor, die sich durchaus nicht aus sich selbst, das heißt aus dem Surrealismus, erklären, sondern jener verrückten, vielschichtigen Ideologie dienen, die jede mögliche Logik der Vernunft, vor allem aber die dialektische Logik bestreitet.

Die Grundlage dieser grenzenlos »possibilistischen« oder vielgestaltigen Ideologie bleibt jedoch hartnäckig immer die gleiche. Sie besteht aus dem unversöhnlichen Wettstreit zweier Gegensätze: der Wirklichkeit und der Welt der Ideen. Ja, in der archäologischen Literatur Calvinos ist der Platonismus wieder zum Vorschein gekommen, unter dessen Vorzeichen diese Literatur entstanden ist. Alle Städte, von denen Calvino in unendlich verschiedenen Formen träumt, entstehen immer wieder aus dem Gegensatz zwischen einer idealen und einer realen Stadt: Dieser Gegensatz bewirkt allerdings nur, daß die reale Stadt surrealistisch wird, historisch läuft er auf gar nichts hinaus. Die beiden Entgegensetzungen heben sich nicht in einer dialektischen Beziehung auf! Der Kampf zwischen ihnen ist so hartnäckig und verzweifelt wie unnütz: Die Zeit spielt den Friedensstifter, weil sie alles mit sich reißt – in eine ganz und gar unlogische Dimension. Hier lösen sich die Probleme, indem sie bis zur Unkenntlichkeit verdünnt oder in ihrerseits wieder surreale Trümmer aufgespalten werden.

Für mich, der ich gerade an dem Film *Le mille e una notte* arbeite, ist die Lektüre dieses Buches geradezu berauschend gewesen: Und das ist kein Zufall oder nur eine persönliche Erfahrung. Die »Geschichten aus Tausendundeiner Nacht» sind nämlich genau das Vorbild, dessen Bildervorrat der Surrealismus Calvinos mit Bedacht ausschlachtet. Und so wie jede Erzählung aus *Tausendundeiner Nacht* von einer Abnormität des Schicksals berichtet, so schildert jede Beschreibung Calvinos eine Abnormität im Verhältnis zwischen dem Reich der Ideen und der Wirklichkeit (welches übrigens das Schicksal in der westlichen Zivilisation ist). *Die poetische Erfindung besteht im Aufspüren dieses abnormen Moments.*

In den Beschreibungen der Städte Maurilia, Zobeide, Ipazia, Eutropia, Ottavia, Ersilia, Bauci, Pirra, Moriana, Bersabea, Raissa und Marozia gelingt dieses Aufspüren der Regelwidrigkeit so vollkommen, daß es aussieht, als ob sie wirklich wie von selbst geschehen wäre: Wir haben Phänomene einer »surrealen« Wirklichkeit vor uns, die Calvino tatsächlich einfach nur zu beschreiben scheint. Wie mag es dazu gekommen sein, wenn ein solches Vorgehen am Schreibtisch nach logischen und auch nach praktischen Kriterien (für den, der einige dieser Kriterien sein eigen nennt) doch äußerst schwierig, wenn nicht unmöglich erscheinen muß? Wie wiederholt man das Wunder, das der Erzähler von *Tausendundeiner Nacht* vollbringt, wie erlangt man seine erregende Glaubwürdigkeit, wenn er von den Abweichungen des Schicksalsgesetzes erzählt? Eigentlich läßt es sich jedoch ziemlich leicht erklären – ja, das hätte ich sogar als Erstes sagen sollen, wenn ich von diesem Buch spreche: Calvino erfindet nichts nur um der Erfindung willen. Er konzentriert sich einfach auf einen wirklichen Eindruck – einen der vielen unerträglichen Schocks, die Mittage oder Dämmerungen, Übergangsjahreszeiten oder Hundstage uns in den unvermutetsten oder vertrautesten Ecken der bekannten oder unbekannten Städte, in denen wir leben, zufügen. Und obwohl er diesen Schock in der ganzen quälenden Wucht eines Traumes erlebt, analysiert er ihn. Die getrennten, zerlegten Teile dieser Analyse werden dann in eben die Leere und kosmische Stille zurückprojiziert, in der die Phantasie die Träume wieder zusammensetzt. Es ist darum immer eine »Basis« an wirklichen Empfindungen, die die Materie für die dichterischen und ideologischen »Gipfel« Calvinos bereitstellt.

»Il Tempo«, 28. Januar 1973

Gabriel García Márquez

Louis-Ferdinand Céline

GEMEINPLÄTZE
ÜBER CÉLINE UND GARCÍA MÁRQUEZ

E s ist ein Gemeinplatz: Céline hat man bedingungslos zu bewundern. Zu diesem Gemeinplatz nötigt eine moralische Pflicht, eine Art vorurteilslos antideterministische Einstellung, derzufolge es eben »unmoralisch« wäre, einen Schriftsteller nach seiner Ideologie und nach biographischen Daten zu beurteilen: während es dagegen »moralisch« sei, sein Werk von dieser Ideologie und diesen Daten zu trennen.

Im Fall Célines wird diese Trennung mit besonderer Strenge vorgeschrieben. Für den linken Intellektuellen ist es Ehrensache, sie nicht in Frage zu stellen. Es handelt sich hier um ein Beispiel von »fortgeschrittener Literatur« bei einem »reaktionären« Schriftsteller. Und es eignet sich recht gut dazu, das Bewußtsein des linken Intellektuellen vor der Gefahr des Dogmatismus oder der Angst vor dem Skandal zu retten.

Aber diese bequeme Trennung muß diskutiert werden. Der letzte Roman Célines, *Von einem Schloß zum andern*, trägt besonders starke autobiographische Züge: Hier spricht er nämlich von den Daten seines Lebens und spielt fortwährend auf die Ideologie an, von der sie geprägt wurden. Auch dem hartnäckigsten Antikonformisten fiele es in diesem Fall schwer, sich der konformistischen Pflicht zu entziehen, das ästhetische Ergebnis mit der »noetischen Absicht«, der vorausgehenden Bewußtseinsform, zu vergleichen. Ein solcher Vergleich fällt aber für Céline und seinen literarischen Wert katastrophal aus. Der Roman ist wie ein langer, nicht endenwollender »innerer Monolog« angelegt. Der Schriftsteller versenkt sich in den Geist – im vorliegenden Fall den sprachlichen Geist – der Hauptfigur und lebt deren diskursives Verhältnis mit der Realität und über die Realität. Im allgemeinen unterscheidet sich die Hauptfigur, deren »Rede« der Autor »nacherlebt«, psychologisch und sozial stark vom Schriftsteller selbst (zum Beispiel ist der Padron 'Ntoni ganz verschieden vom Autor Verga, der ihn in seinem Stil nacherlebt): Im Fall des Romans *Von einem Schloß zum andern* sind Hauptfigur und Autor jedoch ein und dieselbe Person! Céline erlebt die Rede Célines nach, und zwar – mit einem winzig kleinen Abstand zu sich selber – in einer noch kleinbürgerlicheren und noch durchschnittlicheren Version.

Dieser »innere Monolog«, wie er für den naturalistischen Stil typisch ist, wird nun aber von Céline stilisiert: Sein entsprechender Einfall ist allerdings recht phantasielos und wird zu keiner eigentlichen »Formidee«. Er hat den endlosen Redefluß des Sprechers, der laut über seine Angelegenheiten nachdenkt, unterbrochen, und ihn von Anfang bis Ende in eine Reihe winzigster Syntaxfetzen zerstückelt, die durch Fortführungspunkte und eine unaufhörliche Folge von Ausrufezeichen voneinander getrennt werden. Daher ist dieser innere Monolog kein Nach-Denken, wie bei diesem Genre üblich, sondern ein aufgeregter Bericht aus lauter Ausrufezeichen. Er ist ein Erguß, ein Plädoyer. Hinzu kommt, daß der Autor sich den Dingen, von denen er spricht, nicht direkt stellen will oder kann. Er schafft darum ein Verhältnis aus lauter augenzwinkernden Anspielungen zu seinem hypothetischen Zuhörer. Und genau hier, in diesem Verhältnis, manifestieren sich die Ideologie und der psychologisch-politische Charakter des Autors. Und weil dieses »Verhältnis« im Grunde der Stil des Buches ist, kann die erwähnte Trennung eben gar nicht durchgeführt werden.

Der Roman *Von einem Schloß zum andern* ist ein schlechtes Buch, weil es hassenswert ist, was Céline denkt und was er ist. Der Adressat seines vorgetäuschten »Monologs« ist ein Mensch wie er, ein Mensch mit den gleichen oder fast den gleichen Überzeugungen. Jedenfalls ist er imstande, Céline zu verstehen, wenn dieser auf seine Jugendsünden als Kollaborateur und Kriegsverbrecher anspielt, oder er kann die daraus folgende Enttäuschung nachvollziehen und die entsprechende kritische Verachtung für seine ehemaligen Nazi-Idole, die wieder in die generelle Schändlichkeit der Welt eingegangen sind, mitmachen. Der Leser sieht sich also zwangsläufig zum komplizenhaften Adressaten gemacht. Was der Autor ihm – mit dem Augenzwinkern unter Gleichgesinnten – wie einem scheußlichen Komplizen anvertraut, ist aber so böse und so vulgär, daß die Ablehnung des Lesers total sein muß. Es ist unmöglich, Céline seinen Faschismus im Namen des bürgerlichen Anstands nachzusehen, und es ist unmöglich, seinen Stil davon zu trennen, wo doch sein Stil nichts anderes ist als »Mimesis« an den Anstand eines Bürgerlichen, auch wenn es eine verzweifelte und dem normalen Leben völlig enthobene Mimesis ist.

Ein anderer Gemeinplatz ist es (offenbar), den Roman *Hundert Jahre Einsamkeit* von Gabriel García Márquez für ein Meisterwerk zu halten. Mir erscheint das einfach lächerlich. Es handelt sich um den Roman eines Bühnenausstatters oder eines Kostümbildners, der mit der großen Vitalität und verschwenderischen Üppigkeit des traditionellen barocken Manierismus Lateinamerikas geschrieben wurde. Er scheint für den Gebrauch einer großen amerikanischen Filmgesellschaft (wenn es noch welche gäbe) bestimmt. Die Figuren sind allesamt – manchmal mit großer Meisterschaft – von einem Drehbuchschreiber erfundene Mechanismen: Alle haben irgendwelche verführerischen »Ticks«, die sich ihres Publikumserfolgs sicher sein können. Der Autor – der sehr viel intelligenter ist als seine Kritiker – scheint das genau zu wissen: »Noch nie zuvor war ihm eingefallen,« – sagt er in der einzigen metasprachlichen Überlegung seines Romans – »sich die Literatur als das beste Spielzeug vorzustellen, das erfunden wurde, um die Leute zum Narren zu halten ...« Zweifellos ist Márquez ein faszinierender Spaßvogel, und die Dummen sind ihm auch prompt alle auf den Leim gegangen. Aber ihm fehlt das Zeug zum großen Betrug: die Fähigkeiten, die, um nur ein Beispiel zu nennen, Borges hat (oder, in viel kleinerem Maßstab, Tomasi di Lampedusa, denn *Hundert Jahre Einsamkeit* erinnert auch an den Leopard – wegen der Mißverständnisse, die er im Sumpf des Literaturbetriebes hervorrief, dort, wo die großen literarischen Erfolge dekretiert werden).

Die Literaturkritiker müssen eine neue Technik oder ein neues »genre« zur Kenntnis nehmen, das mittlerweile schon zur Literaturgeschichte gehört: das Filmdrehbuch, aber auch das sogenannte »Exposé«. Drehbuch und Exposé *sind literarische Werke*, sofern ihrem Autor bewußt ist, daß ihre Vervollständigung *nicht literarisch ist:* daß sie nämlich nur vorläufige, sprachliche Gebilde sind, die in Wirklichkeit andere Gebilde sein »wollen«, im vorliegenden Fall Filme. Und der Verfasser eines Drehbuchs oder eines Exposés ist ein um so geschickterer Literat, je mehr er den Leser zu seinem Mitarbeiter bei der visuellen Realisierung dessen machen kann, was nur provisorisch Schrift ist. Das Erreichen dieser Vorläufigkeit (der Absicht des Gebildes, »anderes Gebilde« zu sein) ist Teil der literarischen Technik des Drehbuchschreibers und, potentiell, seines Stils.

Dennoch ist die überwältigende Mehrheit der Drehbücher und Exposés allerschlechteste Literatur. Der Literatur nicht würdig. Warum?

Der erste Akt des Drehbuchschreibers besteht darin, den Leser mit dem Produzenten gleichzusetzen. Derjenige, der gemeinsam mit dem Autor die sprachliche Struktur in der Vorstellung in eine filmische Struktur »verwandeln« soll, ist also derjenige, der zahlt. Der Adressat des Werkes ist, wieder einmal, der Herrschende. Nun stammt der Großteil der Drehbuchautoren aus der Bildungselite. Es sind also Personen, die die, ich würde sagen, gesellschaftliche Pflicht haben, im Herrschenden einen Idioten, einen halben Analphabeten und einen verachtungswürdigen Menschen zu sehen. Gleichzeitig müssen sie jedoch so vorgehen, daß ihr Werk ihm gefällt. In dem Moment aber, in dem der Drehbuchschreiber den Produzenten mit einem »idiotischen, analphabetischen und verachtungswürdigen« Adressaten gleichsetzt, hat er nur noch eine Möglichkeit, ihn zu überzeugen: Er muß sein eigenes Werk degradieren. Und die unschuldige *captatio benevolentiae*, die jeder Autor, in unterschiedlich starkem Maß, einsetzt, um den Leser zur Mitarbeit zu gewinnen, wird am Ende

zu einer amoralischen Operation, die den Autor selbst in die Abwertung verwickelt, die er aus niedrigen Beweggründen geplant hat.

Die Zusammenarbeit zwischen Autor und Leser-Produzent trägt darum
Züge einer gemeinen Komplizenschaft. Die kleinen literarischen oder politischen Ambitionen des Autors gehen als verzeihliche, kulturelle Ansprüche
durch, die dem Film ja außerdem, wenigstens als Alibi, ganz nützlich sind; und
dies wird dem Produzenten von seiten des Autors ständig zwischen den Zeilen
oder in der Gutmütigkeit des Stils suggeriert. Die schicksalhaften Verwicklun-
gen der Figuren und der Geschehnisse werden als vorhersehbare und voraus-
geplante, ja im übrigen auch recht bewährte Elemente ausgegeben; kritischer
und bitterer Humor wird eingeschmuggelt wie eine Komik von der Sorte, die
schon anderswo sowohl von dem, der schreibt, als auch von dem, der liest,
ungestört genossen werden konnte, usw. usw. Kurzum, der Autor neigt dazu,
mit seinem Leser-Produzenten gemeinsame Sache, sich ihn zum Genossen und
Komplizen zu machen, indem er auf dessen angenommenes Niveau einer dummen, vulgären, konformistischen und zynischen Kenntnis menschlicher Schwächen herabsteigt.

Dieses Bemühen zu vereinfachen, zu reduzieren, zu entdramatisieren, um
alles mitteilbar und frei von wirklichen Problemen zu machen, wird am Ende
zu einem grauenhaften Buhlen um die Gunst des Herrschenden, mit dem (um
es mit seinen Worten auszudrücken) sich der Drehbuchautor – obwohl er ihn
verachtet, und womöglich gerade weil er von ihm zu einem so erbärmlichen
Verhalten gezwungen wird – »verkuppeln läßt«.

Nun ist aber kein Mensch a priori so, wie der Drehbuchschreiber sich den
Produzenten vorstellt: Kein Mensch ist a priori minderwertiger als wir selbst.
Und die erste moralische Regel eines Autors ist demnach, den Leser als ebenbürtig zu betrachten. Wenn er diesen Leser dann mit einem Produzenten
identifiziert, muß auch dieser Produzent unbedingt als ebenbürtig betrachtet
werden. Handelt der Drehbuchautor gegen diese erste, elementare, moralische
Regel, wird er seines Berufs unwürdig.   *»Il Tempo«, 22. Juli 1973*

DER AUTOR ALS VERMITTLER

HANS MAGNUS ENZENSBERGERS
»DER KURZE SOMMER DER ANARCHIE«

Mir scheint, der Verleger der italienischen Übersetzung des Prosa-
bands *Der kurze Sommer der Anarchie* versucht, dieses Buch des
Lyrikers Hans Magnus Enzensberger als ein Produkt der gauchi-
stisch-neoavantgardistischen Linken zu lancieren.

Zweifellos ist das Buch Enzensbergers (den verlegerischen Schemata entsprechend) eine »Collage«. Aber der Begriff »Collage« verfehlt seinen Sinn,
denn seit längerer Zeit schon hat dieses Wort durch seinen Gebrauch die
Konnotationen einer gewissen Seichtheit, Respektlosigkeit und parodistischen
Verzerrung erhalten. Doch mit den rigiden Regeln solcher Mode hat Enzensberger nichts im Sinn (obgleich er sie kennt).

In Wahrheit entstand das Buch aus einem ganz bescheidenden Anlaß, der
mit Enzensbergers Arbeit zusammenhängt. Das »Dritte Programm« des West-
deutschen Rundfunks in Köln hat Enzensberger im Frühjahr 1972 mit einer
Sendung über den spanischen Anarchisten Durruti beauftragt. Enzensberger
hat sich mit vollem Einsatz und mit der Bescheidenheit wirklich ehrgeiziger
Menschen an die Arbeit gemacht. Er hat eine unermeßliche Fülle von Dokumenten im Internationalen Institut für Sozialgeschichte in Amsterdam durch-
gesehen; er hat die wichtigsten Fachleute über das Thema befragt, Angel Mon-
toto und Luis Romero; und er ist schließlich darangegangen, Dutzende von
Zeugen (mit der Filmkamera) zu interviewen: Kampfgefährten Durrutis, Politiker, Journalisten, zufällige Bekannte, die aber in wichtigen Situationen dabei-
waren, Verwandte und Freunde aus der Kindheit.

Auf diese Weise hat Enzensberger höchstwahrscheinlich eine Menge Material zusammenbekommen. Mit ebensoviel Geduld wie Bescheidenheit hat er
es dann ausgewählt, indem er aus jedem Zeugenbericht die Passagen (von
wenigen Zeilen bis zu mehreren Seiten) herausgesucht, die ihm wichtig erschienen, und diese Zeugnisse danach in einer chronologischen Abfolge von der
Kindheit Durrutis bis zu seinem Tod geordnet hat.

Nur wenige Male schaltet Enzensberger sich persönlich ein, und zwar
in einer Reihe von kursivgedruckten »Glossen« zwischen den verschiedenen

Lebensabschnitten Durrutis (die mit den historischen Perioden der Revolte der anarchistischen Kommunisten und des spanischen Bürgerkriegs zusammenfallen). Aber diese Eingriffe Enzensbergers in das eigene Buch unterliegen denselben Gesetzen, denen die »Zeugenberichte« der sogenannten »Collage« gehorchen; und das heißt, ihre Darstellung der Fakten geschieht in streng informativer und objektiver Absicht. Nur in der ersten, metasprachlichen Glosse über die Gestaltung seines Buches und in der letzten Glosse (»Über das Altern der Revolution«) tritt Enzensberger als »Autor« in Erscheinung. In dieser letzten Glosse beschreibt er in wenigen Grundzügen die – inzwischen gealterten – Personen, die zuvor wiederholt von dem erzählt haben, was sie in ihrer Jugend mit Durruti erlebten und die dadurch im Lauf des Buches zu richtigen Romanfiguren geworden sind. Die kurzen Skizzen, die Enzensberger von ihnen entwirft, vermögen den Leser anzurühren. Aber Enzensbergers wirkliche schriftstellerische Qualitäten zeigen sich an anderer Stelle, wie wir sehen werden. Was uns jedoch zunächst interessiert, ist, dieses Buch unabhängig von seinem Autor (und das entspricht seinen Intentionen) zu sehen: einem Autor, der als bloßer Vermittler eines aus eigener Kraft entstehenden Buches auftritt.

Diese »Geschichte Durrutis« ist zuallererst einmal ein Paradigma. Es hätte heute außer für einige Fachleute (Historiker oder einige Politiker) keinerlei Bedeutung mehr, wenn es 1968 in Europa (vielleicht besonders in Deutschland) nicht Beispiele des politischen Kampfes gegeben hätte, die dem Kampf Durrutis in gewisser Hinsicht ähnelten (Anarchie; anarchistischer Kommunismus; Bakunin statt Marx; Intransingenz; Extremismus; Notwendigkeit von Gewalt und Tyrannenmord; neue, existentielle Formen, in der Welt zu sein, und in ihr zu handeln; Gewißheit unmittelbar bevorstehender Erhebung; Gleichsetzung des geschichtlichen Augenblicks mit einer Art erregendem Vorabend neuer Zeiten).

Gleichzeitig ist das »Paradigma« Durruti jedoch ein »negatives Paradigma«, das seine aktuellen Wiederholungen schachmatt setzt. Durruti ist nämlich ein Arbeiter (Eisenbahner und Mechaniker), der in einer proletarischen – oder vielleicht besser subproletarischen – Familie in Léon geboren wurde; er ist nahezu Analphabet und daher Autodidakt. Alles, was ihn psychologisch und physisch ausmacht, gehört zum Volk und hängt damit zusammen, daß er Sohn einer armen Mutter und eines armen Vaters ist, daß seine Ernährung und sein kultureller Hintergrund ärmlich sind. Niemals, in keinem Fall, nicht einmal als Nachahmung, später, in reiferem Alter, gibt es irgendein bürgerliches Element in ihm. Ein typisches Kennzeichen der Armen: Er altert nicht, er bleibt ein Junge. Jene »Würde«, die der erwachsene Bürgerliche für sich in Anspruch nimmt und mit Zähnen und Klauen verteidigt, weil sie seiner Meinung nach der einzige authentische Teil jenes »falschen Bewußtseins« ist, dessen er sich verdächtigt, bleibt Durruti also fremd. Als »Armer« – als Verteidiger der gro-

ßen, wahren Würde des Menschen und nicht jener persönlichen und gesellschaftlichen Würde des Kleinbürgers – hat Durruti sein ganzes Leben lang
erhabene Gefühle empfunden, denen jede Rhetorik fehlte.

Er hat zum Beispiel einen großen Respekt vor der Bildung gehabt: Für die
Armen ist sie eine Eroberung, und darum kommen sie nie zur sadistischen
Gewalt der Kleinbürger gegen Bildung, deren Vorrecht sie war. Diese Liebe
zur Kultur auch in historischen und politischen Situationen des Unrechts, ja
sogar der Schmach, macht aus Durruti einen in seinem Wesen gebildeten
Menschen. Sein ganzes Leben lang ist er niemals ein Verfechter der »niederen
Kultur« gewesen. Aus diesem Grund behaupte ich, daß sein Paradigma nichts
mit dem Anarchismus und Kommunismus (dem marxistischen oder nicht-mar-
xistischen) der sechziger Jahre zu tun hat: Denn der war eine Orgie an niederer
Kultur oder an kleinbürgerlichem Wüten gegen die Kultur.

In seinem langen Kampf, den er als junger Mann begann und der mit
seinem Tod 1936 in Madrid endete, hat Durruti sich all den unlösbaren Problemen gegenübergesehen, die die Anarchisten sich mit der Erklärung ihrer Prin-
zipien bereiteten. Ein gelöstes Problem bedeutet nämlich einen Sieg der Wirklichkeit, das heißt, einen Kompromiß mit irgendeiner Form von Macht. Eines
nach dem anderen hat Durruti diese Probleme angehen müssen, und er konnte
sich nicht darüber hinwegtäuschen, daß sie ohne Verzicht auf die eigene Prinzi-
pienstrenge nicht zu lösen waren. Die Gewalt hat am Ende das Prinzip der
Gewaltfreiheit abfinden müssen; die Notwendigkeit von Disziplin hat die »or-
ganisierte Disziplinlosigkeit« gezwungen, sich den Erfordernissen des Krieges
anzupassen; das unaufschiebbare Bündnis mit der Sozialdemokratie und den
Kommunisten der antifaschistischen Republik hat die Schmach des Kompromisses nur mildern können, weil es sich *in pectore* die folgende, totale Revolution vorbehielt. Es war die Aktion, die diese Widersprüche absorbierte und den
Aufschub ihrer Lösungen gestattete. Und darum durfte die Aktion kein Ende
haben.

Über die Zeugenberichte seiner Genossen und einiger Journalisten (darunter Ilja Ehrenburg und das aufregende Zeugnis von Simone Weil) geht Durruti von einer Aktion zur nächsten über und behält sich dabei jede mögliche
kontemplative Kultur- oder Daseinsform so im Herzen vor, als ob sie intakt
bleiben müßte.

Im ganzen Buch gibt es nur zwei Zeugnisse der Gegenpartei (ein Journalist und eine Agentur, beide aus dem faschistischen Lager). Die Gestalt Durrutis wird also immer positiv gesehen, sehr positiv sogar. Wenn es irgendwo eine
kritische Haltung ihm gegenüber gibt, dann handelt es sich um den Blickwinkel
eines Kampfgefährten aus den eigenen Reihen, der in irgendwelchen Situationen
eine etwas andere Einschätzung hat als Durruti. Trotzdem spürt man zwischen
den Zeilen eine schärfere Kritik (vor allem von seiten der Kommunisten) und

natürlich eine wilde Verdammung (von faschistischer Seite). Über seiner Figur liegt etwas Unheimliches (das in den von Enzensberger gesammelten Augenzeugenberichten nicht explizit genannt wird): nämlich die Mechanik des Mordens und des politischen Genozids. Töten nannte man – im Jargon der immer parteilichen Zeugen – »säubern«. Und einige »Säuberungen« Durrutis und seiner Genossen lassen einem das Blut in den Adern gefrieren. In den Milizen steckte etwas von den Falangisten. Diese einfache Wahrheit muß ausgesprochen werden, um die ganze Wahrheit sagen zu können.

Daß Enzensberger in diesem Buch nicht nur als Kompilator von Dokumenten, sondern tatsächlich als wirklicher Schriftsteller anwesend ist, der, obwohl er nicht direkt selbst schreibt, die Schriften anderer mit der dämonischen Geschicklichkeit des Schriftstellers anordnet, drückt sich zuallererst darin aus, daß er aus diesem »parteilichen«, diesem sektiererisch und grenzenlos parteilichen Buch, ein Buch gemacht hat, in dem die ganze Wahrheit steckt.

In dieser Hinsicht hat Enzensberger den professionellen Historikern eine außerordentliche Lektion erteilt: Er hat überdies eine neue Methode der Geschichtsschreibung begründet (von wegen »Collage«!). Weder durch ihre Pulverisierung – als praktisch unendliche Menge an Informationen – noch mit Hilfe von Pfeilern, Schemata oder herausragenden Ereignissen, welche auch immer es seien, kann die Geschichte begriffen werden. Die Geschichte kann nur begriffen werden, wenn sie unparteiisch und ohne Absichten befragt wird. Und ein perfekter Gegenstand solcher Befragung ist das Buch von Hans Magnus Enzensberger.

Die literarische Qualität Enzensbergers tritt auch in einer raffinierteren und spezifischeren Weise zutage. In der Anordnung der Zeugnisse nämlich, wo eine »Rangordnung« steigender Dramatik am Ende über die chronologische Abfolge triumphiert. Auf den ersten siebzig, achtzig Seiten existiert Durruti, obwohl nur von ihm die Rede ist, nicht: Er ist ein reiner *flatus vocis* und hat die Flüchtigkeit von Nebenfiguren in Träumen. Dann beginnt er, sich über die Augenzeugenberichte allmählich vorzustellen, aber das wirkt wie eine Vorwegnahme, nämlich so, als ob der Leser bereits vollständig über ihn informiert sei: Sein Dasein ist immer ein Erscheinen (nicht zufällig berichten »Zeugen« davon). Dann werden seine Theophanien allmählich immer dichter, bis die Häufung ihnen den magischen Charakter nimmt und Durruti vertraut zu werden beginnt. Aber wir müssen bis zur Seite 237 warten, um aus einem Zeugnis zu erfahren, daß er schwarze, krause Haare hat, und bis zur Seite 238, um von seinem Lächeln und seinen Zähnen zu hören. Bis zu diesem Moment haben wir nur ganz allgemein erfahren, daß er dunkelhaarig und von kräftigem Körperbau war.

◁ Hans Magnus Enzensberger

Außerdem: Das ganze Buch hindurch zeigt Durruti sich wie ein Monolith. Die
Auswahl der Augenzeugenberichte dient der Integrität der Hauptfigur und ist
so perfekt gemacht, daß keine anderen, bedeutenden Versionen möglich scheinen. Durruti ist einzigartig, er besitzt nur eine Form, wie eine Wechselmünze.
Natürlich liegt das objektiv (wie Enzensberger selber anmerkt) an der Populari-
tät seiner Figur, die vor den Massen dazu neigte, rhetorisch und symbolisch zu
werden. Aber das Netz der Interpretationen seiner Person ist wirklich besonders eindimensional. Und nun stirbt er. Er stirbt, von einer Kugel in den
Rücken getroffen (wie die Helden des antiken Epos von Verrätern umgebracht
werden, die sie nicht von vorne angreifen können). Die Ambiguität, die dem
lebenden Durruti so vollkommen fehlte, explodiert nun angesichts des toten
Durruti. Während vorher nichts in ihm und um ihn herum zweideutig war, ist
jetzt plötzlich alles zweideutig. Plötzlich werden die Interpretationen drama-
tisch, widersprechend und zahllos: Durruti ist von einem faschistischen Frei-
schärler getötet worden, Durruti ist von den Kommunisten getötet worden,
Durruti ist von seinen eigenen, anarchistischen Genossen getötet worden, Durruti ist von einer irregeleiteten Kugel aus seinem eigenen Gewehr, das er
umgehängt trug, getötet worden. Und im Inneren dieser Interpretationen: eine
Unzahl an Nuancen, die ihren Sinn schrecklich verdrehen.

Nur an dieser Stelle erfahren wir, wie Enzensberger Durruti jenseits der
strengen Folge von objektiven Informationen, die er uns vermittelt, sieht. Anders als die epischen Helden, die im Leben integer sind, bis der »Verräter« sie
in den Rücken trifft, um ihre Integrität auch nach ihrem Tod zu verherrlichen
und zu verewigen, ist Durruti im Leben ein integrer Held, tritt aber, nachdem
er von hinten getroffen wird und stirbt, in das Reich der Ambiguität ein. Die
poetische Vision, die Enzensberger von Durruti hat, ist der Schlüssel dieses
politischen Buchs: Und er fällt sehr wahrscheinlich mit der Wahrheit zusammen.   »Il Tempo«, 25. November 1973

DER SINN DES KLANGS

ZUM 600. TODESTAG PETRARCAS

Zwei Methoden gibt es, sich einem Text zu »nähern« (wie die vorsichtigen Universitätsprofessoren sagen) – zwei Methoden, von denen wir nicht absehen können: die Psychoanalyse und den Strukturalismus ... Diese beiden Methoden sind uns zur Gewohnheit geworden, und sei es auch nur in ihrer landläufigsten und popularisiertesten Gestalt.

Nun gut, liest man Petrarca, kann wohl niemand von uns der Versuchung widerstehen, eine »klinische Fallbeschreibung« aus ihm zu machen: Und durch so etwas wird Petrarca augenblicklich aktualisiert. Indem ich ihn – über den Daumen, stark über den Daumen gepeilt, natürlich – psychoanalysiere, mache ich ihn zu meinem Zeitgenossen. Ich kann mich nämlich zum Beispiel für den »Narzißmus« (in klinischer Bedeutung) Petrarcas nur wie für ein »aktuelles« Problem interessieren, und das gleiche gilt für seine selbstzerstörerischen Tendenzen und seine grenzenlose Befähigung, alles zu verdrängen, was ihn von seinem ewigen, glücklichen Selbstmitleid ablenken könnte; für seine schizoide Obsession (»das Bild der Frau«: der alles beherrschende Gedanke); und zuguterletzt vor allem für seine Gehemmtheit gegenüber dem anderen Geschlecht, der kein Vorwand zu schade ist, um ja keine »schmutzigen Gedanken« haben zu müssen.

Laura existiert nicht, ist weder engelhaft noch irgendetwas anderes. Sie ist schlicht und einfach irreal. Trotz allem, was Petrarca über sie sagt, ist sie eine »Klassenbeste«, die sich und den eigenen Überdruß auslöscht, um ihm, dem Narziß, allen Raum zu überlassen, der, wenngleich ewig zerknirschten, Hauptfigur dieser unechten Zweierbeziehung. Er hat wirklich alles unternommen (Übernahme von kulturellen »Vorbildern« aus der provenzalischen Dichtung und dem »dolce stil novo«;[1] Übernahme von religiösen »Vorbildern« aus der vornehmsten Kirchentradition – dem Hl. Augustinus zum Beispiel), damit Lauras Geschlecht nicht existiert. Alles hat er getan, um ihrer (sexuellen) Beziehung praktische Hindernisse in den Weg zu legen. Schließlich ist es ihm gelungen, sie sterben zu lassen, indem er sie sogar in den Himmel »verdrängt« hat. Angesichts der aus Gründen höherer Gewalt tatsächlich unmöglich gewordenen sexuellen Beziehung entfesselt sich sein masochistischer Narzißmus. Petrarca schämt sich nicht, ein Verhältnis unter Ebenbürtigen mit der Jungfrau herzustellen. Übrigens ist er in der Tat absolut kein gläubiger Mensch: Wenn er, wie alle Forscher behaupten, dem Mittelalter schon entwachsen ist (das er in Formen und in Strebungen zitiert, die ihm wie antiquarische Stücke erscheinen) und nunmehr mitten im Humanismus steht, ist er »historisch« ein Weltlicher, ein Laizist. Die Jungfrau ist lediglich eine rhetorische Figur, mit der er demnach frevelhafterweise ein rein literarisches Verhältnis hat.

Petrarca ist praktisch »unlesbar«. Erstaunlicherweise sind seine lesbarsten Sachen die *Hirtengedichte* in Latein. Hier ist das *pastiche* endlich interessant genug. Er erneuert Vergil auf absurde Weise. Zum Beispiel erscheint Vergil hier selbst in Gestalt eines Hirtenknaben, der von einem Schäfer – hinter dem sich Petrarca verbirgt – geliebt wird, dessen Liebe aber mit der Liebe zu einem anderen Hirtenknaben in Konflikt gerät, der seinerseits David versinnbildlicht (die profane und die sakrale Dichtung). Die homosexuelle Liebe bei Vergil wird also in rein literarischer Funktion neu gestaltet. Was sich nun wieder hinter dieser »Verdrängung« verbirgt, weiß ich nicht. Fest steht, daß Petrarca in seiner Heterosexualität entschieden terroristisch ist: Allen folgenden Jahrhunderten ist sie zu *der* Begründung von Heterosexualität geworden. Überdies hat Petrarca das *Buch der Lieder* im Grunde genau deswegen geschrieben: um diese Norm zu begründen und bis zu seiner völligen Auslöschung in ihr aufzugehen.

Ich sagte, daß auch der Strukturalismus (und ich zähle die Stilkritik dazu) aus Petrarca einen Zeitgenossen macht. Einer strukturalistischen Lesart erscheinen sämtliche metasprachlichen Behauptungen und Entscheidungen Petrarcas ganz und gar »aktuell«. Und ich würde sagen, die Dichtung Petrarcas ist die metasprachlichste Dichtung aller Literaturen. Sie ist nichts anderes als eine in Praxis umgesetzte Vorstellung davon, was Dichtung ist. Es gibt gewisse erhabene und vor allem sehr gut ausgedrückte Eingebungen Petrarcas, die die ganze zukünftige Stilforschung vorwegnehmen (»der Griffel erstreckt sich nicht außerhalb des Geistes«). Außerdem besteht das Hauptproblem der Petrarcaschen Lyrik darin, ob die Struktur des *Buches der Lieder* offen (das heißt fragmentarisch und lyrisch) oder geschlossen ist (das heißt, ob das *Buch der Lieder* ein durchgestaltetes, »romanhaftes« Werk ist). Auf diese Frage antwortet nun gerade der Strukturalismus: Das *Buch der Lieder* ist ein »einheitliches Ganzes«, es ist ein »Zusammenspiel«; offene Werke werden nicht gegeben! Aber das *Buch der Lieder*, dieses immense, »geschlossene« Werk, ist dann auch wieder extrem klein, so klein, wie ein Werk sein mußte, das aus nichts anderem als aus einer »narzißtischen Obsession« entstand. (Aber auch in diesem Punkt ist Petrarca sein bester Kritiker: seine *Rerum vulgarium fragmenta* sind »ein winziger

Tropfen unendlicher Abgründe«: eine kleine, hervorragende Chrestomathie weniger aus Sonetten als aus Aphorismen.)

Der »Petrarkismus«, der die ganze folgende Literatur Italiens jahrhundertelang nach seinem Vorbild geformt hat, ist in Wirklichkeit genau die Einsprachigkeit, aus der er selbst besteht, und die sich der Mehrsprachigkeit Dantes entgegensetzt. Was das bedeutet? Petrarca hat eine ausschließlich literarische Sprache benutzt, die wenigen und ausgewählten Worte eines »Jargons für Dichtung«. Dante dagegen hat alle nur möglichen Worte einer allgemeinen Sprache benutzt – die in jeder Gesellschaftsschicht anders ist und sich für die verschiedensten Zwecke eignet: für familiären, kommerziellen, bürokratischen, literarischen, theologischen und politischen Gebrauch. Eine gesprochene und geschriebene Sprache. Petrarca war also idealistisch, Dante realistisch. Aber Petrarca – das ist der springende Punkt! – hat realistischerweise vorausgesehen, welches die Zukunft des Italienischen sein würde, wohingegen Dante sich getäuscht hat: Er ist der »Vater« einer ungeborenen, vollständigen Sprache geblieben. Alle zukünftigen Jahrhunderte lang (ausgenommen das letzte) sollte das Italienische dasjenige Petrarcas sein: Das heißt, eine ausschließlich literarische Schriftsprache. Das hat die historische Niederlage der Dante'schen Sprache bedeutet. Darin besteht im Wesentlichen der Petrarkismus.

Mir kommen Zweifel. Ich improvisiere ja. Und ich möchte nicht, daß der Leser denkt, ich hätte Petrarca »verrissen«. All seine nicht nur mitleidlos, sondern boshaft aufgezählten psychischen Schwächen, seine Unglaubwürdigkeit als religiöser Dichter, seine Unaufrichtigkeit als politischer Dichter, zu der schließlich auch noch die Abnormität seiner Schreibweise hinzukommt, die das *Buch der Lieder* sogar zu etwas Peinlichem macht, zeichnen Petrarca zweifellos als ein »Ungeheuer«: Aber genau aus diesem Grund ist er ein großer Dichter! Die Petrarkisten haben sich geirrt. Wie sich im übrigen auch die Manzonianer geirrt haben.

Abgesehen davon habe ich auch gegen Petrarca als Begründer der literarischen Tradition Italiens – die praktisch im Gebrauch einer gebildeten, streng innerhalb der Sphäre von Macht und Herrschaft operierenden Elitesprache besteht und jede andere sprachliche Möglichkeit des Menschen vollkommen ignoriert – nichts einzuwenden. Das ist eben der »hohe Stil«, und hat er uns mit seinen Erweiterungen semantischer Felder und seinem Ersetzen des Sinnes durch den Sinn des Klangs nicht tiefe Empfindungen geschenkt!

Als »Vater der Literatur« Italiens bleibt Petrarca auch der Begründer der »handwerklichen Regelcodices« des Stils. Das bedeutet, er ist praktisch der Begründer der »Kategorie des Schönen«. Diese Kategorie ist heutzutage stark

abgewertet und wird gefährlich häufig benutzt. Es scheint, daß ein verachtens-
werter, sentimentaler Verräter ist, wer sich darüber in irgendeiner Weise Re-
chenschaft ablegt. Aber die Codices dieser Kategorie sind »handwerklich«: Und
das Handwerk hat, auch in seiner erbärmlichsten Ausformung – ein Paar
Schuhe, ein Nachttopf, eine Wanne für den Dünger – niemals von dieser
Kategorie absehen können. Jedoch kann nicht einmal die Industrie ohne sie
auskommen. Zwischen Alfa Romeo und Fiat mag man über technische Dinge
endlos diskutieren, die Kategorie des Schönen, aus der die Designer der kon-
kurrierenden Automodelle geschöpft haben, darf dabei doch auf keinen Fall
vergessen werden. Der Petrarkismus ist nicht nur sprachliche Natur. Er setzt
sich – sehr viel umfassender – als notwendiges Bedürfnis eines »Formbewußt-
seins« im menschlichen Leben durch. Als solcher ist er schwer abzuschaffen,
auch wenn die neokapitalistischen »executives« und die chinesischen Roten
Garden darin übereinkommen, seine Abschaffung sei notwendig. Ja, sie haben
sogar schon damit angefangen. Schade, daß sie das Startsignal zu seiner Abschaffung ausgerechnet bei der Literatur gegeben haben, weil ihnen offenbar
entgangen ist, daß auch ein Raketenwerfer oder eine Napalmbombe »schön«
sein können, sogar schön bis zum Petrarkismus.   *»Il Messaggero«, Rom, 19. Juli 1974*

---

1 ▷   *dolce stil novo:* Dichtungslehre im Umkreis von Bologna und Florenz zu Ende des dreizehnten und
      zu Anfang des vierzehnten Jahrhunderts. Der Begriff stammt aus der *Göttlichen Komödie,* und als
      Begründer der Schule gilt der Bologneser Lyriker Guido Giunizzelli, den Dante seinen »Vater«
      nennt. Elemente des ›dolce stil novo‹ sind der Adel des Gemüts als individuelle Tugend, die Höflich-
      keit und Verehrung der Frau als engelgleiches Wesen. Der geforderte »hohe Ton« verbietet jeden
      Bezug auf konkrete Situationen und gebietet äußerste Formenstrenge.

THOMAS SCHMID
Nachbemerkung

Im ersten Text dieses Bandes, der Antwort auf eine Umfrage der Zeitschrift »L'illustrazione Italiana« aus dem Jahre 1962, schreibt Pier Paolo Pasolini: »Wenn ich mich vage an die Anfänge meiner literarischen Laufbahn erinnere, denke ich an mich als einen, der von der Kritik herkommt«: Er weist auf seine frühe Begeisterung für das Studium der romanischen Philologie und der Kunstgeschichte hin und fügt hinzu: »Schon allein die Tatsache, daß die ersten (und bis heute nicht verleugneten) Verse des Achtzehnjährigen im friaulischen Dialekt geschrieben waren, beweist, daß meine poetischen Bemühungen von Anfang an im Zeichen einer entschieden kritischen und intellektuellen Absicht standen.«

Man hat in Pasolini oft den genialisch schaffenden Künstler gesehen, dessen Stärke (und Schwäche) in der souveränen und zuweilen fast verzweifelten Mißachtung des Regelkanons literarischer und später filmischer Formen gelegen habe. Dabei wird freilich übersehen, daß der kritische Impuls nicht zufällig am Anfang von Pasolinis künstlerischer Biographie stand. Viele Schriftsteller schreiben, nebenbei und für den Unterhalt, Kritiken; bei Pasolini war das anders. Seine frühen Versuche, der Sprache des Friaul zu einer *modernen* poetischen Form zu verhelfen, waren von Beginn an als kritische Unternehmungen in einem umfassenden Sinn angelegt, und er verstand seine kritische Arbeit stets als Teil der literarischen.

Einer strengen Übereinkunft zufolge sind künstlerisches Schaffen und die Kritik an ihm zwei Tätigkeiten, die strikt voneinander getrennt bleiben müssen. Pasolini hat sich – auch daher rührt der mitunter hemmungslos ichbezogene Ton mancher Rezensionen – nie daran gehalten. Kritik – das könnte als Titel über seinem gesamten Werk stehen, und gemeint wäre damit: *Opposition* in einem umfassenden Sinne; Opposition gegen die literarischen Strömungen Italiens zur Zeit des Faschismus, Opposition aber auch gegen die Literatur, die ihr folgte. Leidenschaftlich kämpfte Pasolini – als Schriftsteller wie als Kritiker – für eine Literatur, die die hermetische Verschlossenheit, welche einen Gutteil jener Literatur, mit der er aufwuchs, auszeichnete, ebenso meiden sollte wie die folgende Flucht in eine neorealistisch verengte Diesseitigkeit und eine nur formelle Parteilichkeit. Und stets ging es ihm dabei auch um eine Literatur, die höchstes Raffinement mit fast so etwas wie Volkstümlichkeit verbindet.

Pasolinis erste Veröffentlichung war ein Band mit friaulischen Gedichten: der Beginn eines zeitlebens nie ganz abgebrochenen Versuchs, eine marginale Sprachtradition poetisch und rekonstruierend – also durchaus »künstlich« – zu retten. Der Impuls war, wenn man will, ein antimodernistischer; genauer: er zielte darauf, die Dialektliteratur einerseits vom Ruch des Bornierten und Rückständigen zu befreien, sie aber andererseits auch nicht der hermetischen Tradition des Sprachspiels (die er nicht selten als »dekadent« kennzeichnete) zu überantworten. Er sah, daß er mit diesem Projekt eines anderen literarischen Wegs in die Nachkriegsmoderne Italiens im Grunde ziemlich alleine dastand – auch daher rührt der nicht selten verzweifelte Ton, der fast sein gesamtes kritisches Werk durchzieht.

Schon mit der Dialektdichtung setzte sich Pasolini auch historisch, theoretisch und programmatisch auseinander; wichtigstes Zeugnis dieser Anstrengung ist das – in Zusammenarbeit mit Mario Dell'Arco geschriebene und 1952 erschienene – Werk »Poesia dialettale del Novecento« (Dialektdichtung des zwanzigsten Jahrhunderts). Und lange Zeit über verfolgte er den programmatischen Strang der literaturkritischen Auseinandersetzung weiter. Es war eine Zeit des Aufbruchs, in der viele italienische Schriftsteller gewissermaßen die Grenzen ihres Fachs mißachteten, in der mit einer bisher unbekannten Intensität eine Diskussion eröffnet wurde, die später durch die Abstrusitäten, in die sie ein gedankenloser Radikalismus trieb, in Mißkredit geraten ist: die Diskussion über das Verhältnis von Literatur und Gesellschaft. Diese Auseinandersetzung, die bei uns massiv erst in den sechziger Jahren einsetzte, begann in Italien unmittelbar mit dem Ende des faschistischen Regimes, und auch daher wurde sie als eine ungeheure Befreiung erlebt: völlig neue Horizonte eröffneten sich. Ein erster Kristallisationspunkt dieser Diskussion war die 1945 von Elio Vittorini gegründete und im Verlag Einaudi in Turin erschienene Zeitschrift ›Il Politecnico‹, deren Titel programmatisch gedacht war: Technik – damit waren alle Formen kultureller Aktivitäten gemeint; in voller Absicht war die Zeitschrift interdisziplinär angelegt und veröffentlichte gleichermaßen soziologische wie literarische Texte. Ein großer Optimismus prägte dieses Organ der antifaschistischen Intelligenz: endlich schien es möglich, die Kultur aus ihrer »abgespaltenen Existenz« zu befreien, sie in das große Menschheitsprojekt der Emanzipation einzubetten und sie der Arbeiterbewegung gewissermaßen zur Seite zu stellen.

Der Literatur (wie der Filmproduktion) jener Jahre hat man das Etikett »Neorealismus« verpaßt. Das war, im Rückblick betrachtet, sicher voreilig, und man nahm damit eine (wenn auch bedeutsame) Strömung für das ganze – ohne Zweifel aber war der literarische Aufbruch der Nachkriegszeit ganz wesentlich

von einer Generation von Schriftstellern geprägt, die sich offensiv der politischen Linken zurechneten und einer wie immer gearteten Parteilichkeit der Literatur zumindest nicht fernstanden. Auch Pasolini gehörte zu ihnen, in mancher Hinsicht sogar auf radikalere, sich viel weniger rückversichernde Weise als andere Autoren. Und doch unterschied er sich: früh schon bildete er so etwas wie eine Opposition in der Opposition. Wo sich andere noch, von Zweifeln nicht angefochten, in einer scheinbar schnörkellosen Literatur des Realismus und der Parteilichkeit übten, kamen ihm Zweifel. Im Grunde hatte er von Beginn an gegen die Auslieferung der Literatur an politische und gesellschaftliche Ziele rebelliert – eine Rebellion, in der er sozusagen mit sich selbst im Streit lag. Keine Literatur im Dienst des Volkes wollte er, wohl aber eine, in der volkstümliche Traditionen fortgeführt und nicht – sei's hermetisch oder avantgardistisch, sei's fortschrittlich oder links – abgetötet und überlagert werden. Er stand auf der Seite der Linken, war aber – immer schon und nicht erst mit seinen polemischen Eingriffen seit Ende der sechziger Jahre – ein erbitterter Feind des Materialismus, dem auch die literarische Linke so lange verpflichtet war.

Der Suche nach literarischen Formen, die den Niederungen jener Literatur entkommen, die sich dem plumpen Engagement verschrieben hatte, war die Zeitschrift »Officina« gewidmet, die Pasolini (zusammen mit seinen Jugendfreunden Francesco Leonetti und Roberto Roversi) 1955 gründete; Mitarbeiter der Zeitschrift, die bis 1959 erschien, waren u. a. Gadda, Ungaretti, Moravia, Calvino und Paolo Volponi. Auch hier war der Impetus ein programmatischer, die Herausgeber hofften, zur Entstehung einer Literatur beitragen zu können, die jenseits von Avantgardismus und politischer Fortschrittseuphorie angesiedelt wäre. »Officina« heißt Werkstatt, und das war ganz wörtlich gemeint: noch hoffte Pasolini, jener andere, jener – wenn man will – dritte Weg in eine moderne italienische Literatur könnte eine Chance haben. Werkstatt: der Ton der Zeitschrift war, in ihrem literaturkritischen Teil, streng und nüchtern, es dominierte das Handwerk der Kritik. (Die literaturkritischen Arbeiten Pasolinis, die in diesem Zusammenhang entstanden, sind in dem 1960 erschienenen Band »Passione e ideologia« versammelt.) Später schrieb Pasolini: »›Officina‹ ist zwecklos gewesen.« Das Zitat ist einem Beitrag entnommen, der den resignierenden Titel »Die stilistische Reaktion« trägt (siehe in diesem Band Seite 75 ff.). Dort heißt es über die Zeitschrift: »Es war ihre Aufgabe, einen Begriff von Dichtung wieder geltend zu machen, der sie als geschichtliches und kulturelles Erzeugnis versteht, welches auch in seinen ganz tief im Dunkel der Seele versunkenen Momenten der Angst oder der Freude doch immer kritisch beschreibbar ist und in Beziehungen gesetzt werden kann.« Die Zeitschrift war also ein Versuch, der Methode der – wie Pasolini selbst hervorhebt – marxistischen Stilkritik zu folgen, ohne deren notorische Verkürzungen und Gewaltakte

in Kauf nehmen zu müssen. Im Kern ging es um das Irrationale, um die Frage, ob es – wie ja weithin üblich – wirklich sinnvoll sei, das Irrationale den Feinden der Vernunft zu überlassen. Dies war ein Punkt, an dem es für Pasolini – der hier voller Leidenschaft für das literarische Existenzrecht des Irrationalen eintrat – zum Bruch kommen mußte. Seine Liebe für die Ränder der Gesellschaft, für das Ungleichzeitige, für das, was sich nicht in den Prozeß der Modernisierung einpassen wollte, mußte ihn erneut in die Opposition gegen den einflußreichen linken Geist der Zeit, den er für den Ausdruck eines bequemen und leidenschaftslosen Konformismus hielt, treiben. Der zitierte Artikel (er stammt aus dem Jahre 1960!) endet mit den Sätzen: »›Officina‹ und andere, vergleichbar geringfügige Unternehmungen sind tot: Der Nation stehen Jahrzehnte konformistischen und klerikalen Lebens bevor ... Die stilistische Reaktion marschiert; es entsteht die Neo-Dekadenz ...« Pasolini wandte sich enttäuscht von einer literarischen Richtung ab, für die der Ausflug in Engagement, Realismus und Parteilichkeit offensichtlich nur eine Zwischenstation auf dem Weg zurück in den klassischen Isolationismus der literarischen Moderne sein sollte.

Fortan fehlte seiner literarischen Kritik, gezwungenermaßen, der schlüssige theoretische Rahmen, sie wurde ungeschützter, aggressiver, auch einsamer. An Unbedingtheit nahm sie dadurch eher noch zu. Bewußter als zuvor setzte sich Pasolini nun über die eiserne Regel hinweg, Literatur und Kritik hätten zwei grundsätzlich geschiedene Metiers zu sein. Oft lesen sich seine Kritiken wie ein verzweifelter Ruf nach einer Literatur, die sich doch auf das

Wagnis einer literarischen Moderne einlassen möge, wie Pasolini sie herbeigesehnt hat. Und immer sind sie Versuche, den Korpus der klassischen und modernen italienischen wie der Weltliteratur unter diesem Gesichtspunkt wieder und wieder zu lesen – unter der Fragestellung also, die Pier Paolo Pasolini ein Leben lang umgetrieben hat: wird es möglich sein, der Kunst ihre radikale Selbstvergessenheit nicht nur nicht zu rauben, sondern sie darin entschieden zu bestärken – und dennoch nicht bei jener *splendid isolation* zu landen, der Pasolini immer wieder das Attribut »dekadent« anhaftete?

Vor allem literaturkritische Arbeiten dieser – wenn man will: »subjektivistischen« – Ausrichtung sind in dem vorliegenden Band versammelt. Sie machen freilich auch deutlich, daß einem solchen literarischen Extremismus die kritische Schärfe keineswegs fehlen muß. Über Gabriel García Márquez' weltweit bewundertes Opus »Hundert Jahre Einsamkeit« schreibt Pasolini respektlos: »Es handelt sich um den Roman eines Bühnenausstatters oder eines Kostümbildners, der mit der großen Vitalität und verschwenderischen Üppigkeit des traditionellen barocken Manierismus Lateinamerikas geschrieben wurde.« (Seite 140) Er nennt Márquez einen »faszinierenden Spaßvogel«, dem die Dummen auch prompt auf den Leim gegangen seien: niemand habe bemerkt, daß es sich gar nicht um einen Roman handle, sondern um eine Art Drehbuch, um ein Exposé für einen in Ausstattung und Farbe schwelgenden Filmschinken. Wo sonst werden die Säulenheiligen einer auf unmoderne Weise modernen Literatur derart konsequent, scharfsinnig und witzig von ihrem angemaßten Podest geholt?

Carlo Levi, Pier Paolo Pasolini und Laura Betti
in der Buchhandlung ›Ferro di Cavallo‹, Rom, 1961

Quellen

Die Texte dieses Bandes sind drei Büchern Pasolinis entnommen:
1. Pier Paolo Pasolini, *Il portico della morte*, hg. von Cesare Segre, Rom, Associazione »Fondo Pier Paolo Pasolini«, 1988.
2. Pier Paolo Pasolini, *Passione e ideologia (1948–1958)*. *Saggi*. Mailand, Aldo Garzanti Editore, 1960.
3. Pier Paolo Pasolini, *Descrizioni di descrizioni*, hg. von Graziella Chiarcossi, Turin, Giulio Einaudi Editore, 1979

Die ersten 18 Texte des Bandes (von »Einer, der von der Kritik herkommt« bis zu »Pasolini über Pasolini«) sind *Il portico della morte* entnommen; die restlichen Texte sind *Descrizioni di descrizioni* entnommen (sie waren ursprünglich fast ausnahmslos in der Wochenzeitung *Il Tempo* erschienen, für die Pasolini von Ende 1972 bis Anfang 1975 regelmäßig Beiträge schrieb). Lediglich »Das Leben in seiner unseligen Wirklichkeit« und »Eine Welt der Unordnung und der Dummheit« (beide über Gadda) entstammen dem Band *Passione e ideologia*.

Zu einzelnen Beiträgen:
– »Die stilistische Reaktion«: Pasolini schrieb diesen Artikel für die Zeitschrift »Ulisse«, deren Herausgeberin Maria Luisa Astaldi ihn bat, sich an der Umfrage zu dem Thema »Wohin geht die Poesie?« mit einem Beitrag zu beteiligen.
– »Fabrik und Wahn«; diesen Text, der ursprünglich den Titel »Il mostro e la fabbrica« trug, verlas Pasolini während einer Pressekonferenz in Rom, auf der Volponis Roman *Memoriale* vorgestellt wurde.
Die meisten Beiträge des Bandes sind bei ihrer Buchveröffentlichung in Italien ohne Titel erschienen: fast ausnahmslos ist ihnen nur der Titel des jeweils besprochenen Buches (bzw. der besprochenen Bücher) vorangestellt.

Bildnachweis

U2, Seite 1 und 8: Dino Pedriali.   Seite 15, 32, 34, 35, 40, 45, 62, 65, 66, 82, 84, 86, 87, 95, 159: Ass. Fondazione Pier Paolo Pasolini, Rom.   Seite 12, 114, 155 aus *Pier Paolo Pasolini, Ein zukünftiges Leben*, Rom 1988. Seite 20, 139 oben: Verlag Kiepenheuer & Witsch, Köln.   Seite 27 aus Pier Paolo Pasolini, *Barbarische Erinnerungen; La Divina Mimesis*, Berlin 1983.   Seite 56, 118 157: Garzanti Editore, Mailand.   Seite 67: Econ Verlag, Düsseldorf.   Seite 71 aus Franco Antonicelli, *Ricordi fotografici*, Turin 1988.   Seite 89: Renate von Mangoldt.   Seite 99: Giulio Einaudi Editore, Turin.   Seite 107: Sigmund-Freud-Collection.   Seite 123: Amman Verlag, Zürich.   Seite 128: Hanne Garthe, Hanser Verlag, München.   Seite 133, 147: Isolde Ohlbaum.   Seite 139 unten: Apis, Paris.